朱家溍

ZHU JIAJIN

中国文博名家画传

朱家溍

朱家溍　口述
朱传荣　整理

目录

一　我的家世

　　我的家世，据《萧山朱氏宗谱》载：唐代朱瑰奉命戍婺源制置茶院，遂为茶院朱氏。瑰生廷隽。廷隽生昭元。昭元生惟甫。惟甫生振。振生绚。绚生森。森生松。松生熹，是为徽国朱文公，公生三子：塾、埜、在。塾后迁福建，埜居徽州。在爵至建阳开国侯，生四子，铉、铸、钦、钰。钦生三子：泽、濂、清。濂迁江西，生子莱。莱生庆。庆生寿，避元末之乱寿迁浙江萧山。寿生三子，广一、昌二、明三。广一生端仪。端仪生存德。存德生大宾。大宾生珊。珊生执庆。执庆生得贵。得贵生世芳。世芳生显学。显学生如龙。如龙生国球。国球生铆。铆生治。治生凤楼、凤标、凤梯。凤标生其煊。其煊生有基。宗谱为同治八年（1869年）刊本，至此止。朱有基是我的祖父，生子四：文钧、文录、文铆、文钛。朱文钧是我的父亲，生子四，家济、家濂、家源、家潽，生女一，家润。自朱文公到我这一辈，为第二十五世。

　　按：关于第一代在萧山落户的朱寿，当时只是一个身无分文的打工者，在萧山城东一户金姓人家做工，因为人老实又能干，被东家招了女婿，从此在萧山落下脚来，人丁日益兴旺。这个原来叫作金家坛的村子后来就叫朱家坛，至今还是如此。

　　我的高祖朱凤标，字建霞，号桐轩。生于嘉庆五年（1800年）八月二十二日，道光十二年（1832年）从浙江萧山考中一甲二名进士，《清史稿》卷三百九十有传。授翰林院编修。先后作过吏部、户部、兵部侍郎，起居注官，翰林院侍讲学士，体仁阁大学士等职（图一、二、三）。据《咸丰朝夷务始末》载：二次鸦片战争期间，朱凤标有两次奏折都提到，"敌舰进入海河，节节北上，泄北运河之水以使之不能进，若再将西河卫河开坝东泄则海河可以立涸，敌舰不惟不能进，且使敌舰不能退，则我可制其死命。"在另折中又有："请明发谕旨，饬僧格林沁趁潮退时相机开炮，如恐挠抚局则必为敌所制，能

一　高祖父文端公朱凤标朝服像

战始能议和。""津民与夷人势不两立，夷人畏民甚于畏兵，应军民并用……"等语。由于昏庸懦弱的咸丰皇帝是个十足的投降主义者，二次鸦片战争时期，屡次坐失良机，以致处处被动，所以不可能采

一　文端公夫人郑氏朝服像

用主战派的建议。

　　朱凤标是朱家到北京的第一个人，葬于原籍萧山所前镇山里沈村。灵柩回籍的时候，皇帝曾经特别下旨要沿途各省给予关照，墓

種樹類培佳子弟
擁書權拜小諸侯

三　高祖父朱凤
标所书对联

地修建谕曰："原任大学士朱凤标，老成端谨，学问优长。由翰林洊擢正卿，迭司文柄。朕御极后，命充上书房总师傅，简任伦扉，管理部务，均能恪恭将事，克称厥职。上年患病，迭请赏假调理。嗣因固请开缺，准予致仕，赏食全俸。方冀调养就痊，暇龄永享。遽闻溘逝，悼惜殊深。加恩追赠太子太保衔，赏给陀罗经被，派肃亲王隆懃带侍卫十员，即日前往奠酹。任内一切处分悉予开复，应得恤典该衙门察例具奏。伊子朱其煊俟阕服后以工部郎中遇缺即补。伊孙监生朱有基赏给举人，一体会试。寻赐祭葬。予谥文端。子其

四　家庭合影。从左至右依次为母亲张宪祗（左二）、祖母
　　（左四）、大哥朱家济（左五）、祖父朱有基（右四）、父亲
　　朱文钧（右三）、三叔朱文锅（右二）、二叔朱文铱（右一）。

煊湖北安襄郧荆道。孙有基，钦赐举人，内阁中书。"

　　我的曾祖讳其煊，以国子监生授工部主事，后来官至山东布政
使。现在摘录一段旧报纸上的史料，来说明我曾祖父的为人。据宣
统元年（1909年）正月初九日第四百四十九号《政治官报》第十二
页载："山东巡抚袁树勋奏：布政使朱其煊，请捐津贴移办新政。山
东财用近来竭蹶非常，新政多端因是未能悉举。臣莅任后，日与司
道等谋划扩充，卒苦于经费难筹，进行不速。布政使朱其煊为前任
太子太保大学士朱凤标之子，每言及此义形于色，其日夜规划思所
以补救之者甚力。惜地方凋敝，物力维艰，开源节流，两无善策。自
恨毁家不足以报国，竭力不足以捄时。至诚恻怛，迥异恒流。兹据
朱其煊详称：现在本署极力搜求于整顿山东省各州税契项下除正款

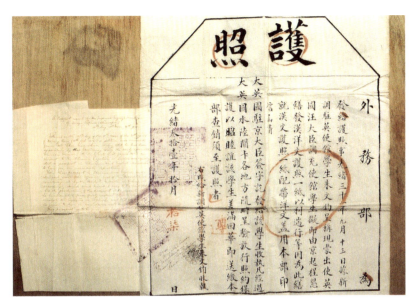

五　父亲留学英国时所执护照

外，合平余及契尾契纸价钱各款零星成趸岁约五万两银。此项虽向经历任长官厘定作为本官津贴，取之原不伤廉。惟其煊世受国恩，明知财政困难日形，何忍安之若素。自愿将前项银化私为公，移作正用。应请自宣统元年起，另款提存，听候拨充新政费用等情，详请具奏前来。臣查山东布政使，缺非素优，故为筹集津贴。朱其煊顾全大局，以俭自持，竟能举其所有全数充公，每岁多至银五万两，其洁己奉公之意，洵足风示群僚。已批饬从明年起将是项银五万两提存司库，专备推行新政之用。以后即移作正需，递年照办……”，从这一段记载可以说明我的曾祖为官的品德，能做到以俭自持，化私为公。

我的祖父讳有基，字伯平，生于咸丰七年（1857年），卒于1917年。同治十二年举人，授内阁中书。后来官至四川按察副使，兼理川东兵备（图四）。在当时属于维新派，主张君主立宪。对于教育儿子是新旧双轨制，一面在家读经史，习制艺，准备乡试，另一面命我父亲入同文馆学英语准备出国，命我的二叔考入陆军贵胄学堂，命我的三叔考入法政贵胄学堂。从这种安排也可以看出我祖父所抱

六　父亲在英国时的留影

的希望，但后来君主立宪政体没有实现。辛亥革命时我祖父才五十
四岁，因对国事绝望而中风，六十岁就去世了。

我的父亲讳文钧，字幼平，号翼盦，生于光绪八年（1882年）。
自幼在家塾中读书，受到了传统的国学基础教育。后入第一届同文
馆学习英语。光绪二十七年（1901年）顺天乡试中副榜。次年考入

实业学堂（北京工业大学前身），光绪三十一年毕业。随驻英钦差汪大燮赴英国，考入牛津大学，研读经济学（图五、六）。光绪三十四年（1908年）回国，任职于度支部。正值当时准备立宪，所以我父亲具体的工作就是办理国家预算。民国成立，度支部改组为财政部，继续任职，担任参事、盐务署长。故宫博物院成立，聘为专门委员会委员，负责鉴定故宫所藏古代法书、绘画、碑帖及其他古器物（图七）。1937年因病逝世。

我父亲一生殚心经史，以著述自遣，尤精于鉴别，收藏碑版、书画多为罕见珍秘之本。1934年在伦敦举办的中国古代艺术展览，为第一次大规模中国古代绘画出国展览，全部绘画即由父亲选定。

他的著述文稿在动乱年代中散失殆尽，所藏图书善本古籍两万余册早已捐赠社会科学院。古拓善本碑帖七百种亦捐赠故宫博物院，其他文物或赠避暑山庄博物馆，或赠浙江省博物馆，均已化私为公矣。父亲所撰碑帖题跋在捐赠前固已抄录留稿，偶有舛误，近年又因工作之便，在故宫博物院取原帙重加校止，埋董成编，仅题其首曰："欧斋石墨题跋"，并附碑帖目录，以见收藏全貌。后经书目文献出版社出版发行。启元白先生为序，云："萧山朱翼盦先生，以相国世家，书画之余，酷爱金石，博学精鉴，有力收罗，于是一时之石墨善本，咸归插架。曾以重金获今所能见之最先拓本《醴泉铭》，因自号'欧斋'。此题跋、目录二册，皆先生平生精力所萃，而哲嗣景洛、清圃、季黄所整理誊录者也。谨按先生致力处，与覃溪（翁方纲）为近。而详论书势，比较纸墨，衷怀朗澈，无覃溪专固之习。雅好欧书，而多聚群碑，兼赏众妙，更非覃溪之墨守宋翻化度寺所得同日而语。至考史证碑，淹通博贯，则又兼竹汀（钱大昕）、兰泉（王昶）之学。读之如入宝山，诚有虚往实归之乐。再读所藏碑帖目录，益见众珍之全貌。昔人每病项子京、梁蕉林未留目录，今先生之藏碑帖，不减项氏、梁氏之藏书画。合观题跋目录，则近代石墨之藏，无或逾此完且美也。"此外，有《介祉堂藏书画器物目录》二卷，系所藏唐、宋、元、明、清法书名画，铜、瓷、玉、石、竹、木诸器。《萧山朱氏六唐人斋藏书录》八卷，录所藏宋、元、明、清精

七　父亲在中国花园居旧居

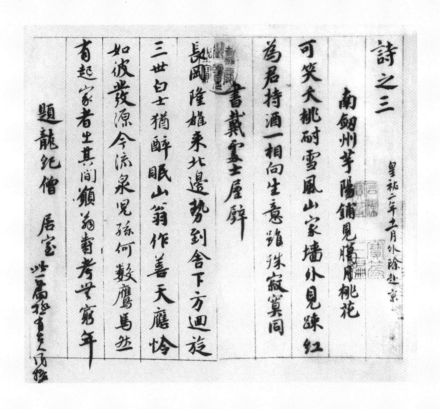

八　宋蔡襄《自书诗》册（林京摄）

刻名抄，诸善本图书。此两者则尚未付梓。

　　我的父亲幼习颜鲁公书，三十岁始广蓄汉、魏诸碑。展对临摹，渐染北魏笔意，继而厌之，自谓俗恶，乃取所藏宋、元、明诸名家墨迹，如蔡襄《自书诗》册（图八），元人书《静春堂集序》诗（图九），释溥光草书卷，李西涯诸体书《种竹诗》卷，雅宜山人草书《离骚》卷，董其昌书《如来成道记》册、《书艮卦》册、《临米帖》册、《临淳化阁帖》册等，心摹手追，于是下笔顿改前貌。四十一岁时跋《徐浩书不空和尚碑》云："予素心向徐书，故临池每有契合之处，而

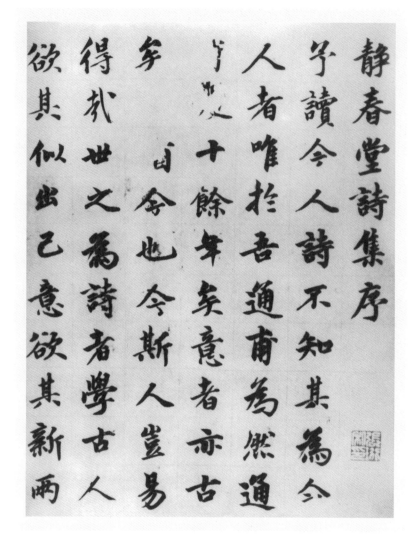

九　元人书《静春堂诗集》序（局部、林京摄）

实未尝学也。苏文忠、董文敏旷代书家，其源皆出于季海，董尤纯
至。王梦楼太守亦习徐书者，然特貌似耳，其弊乃至于近俗。季海
字意似奔放，而用笔无往不收，梦楼正病不知此也。予近年酷嗜董
书，然模拟未善，每流于拘挛，恐致痴冻蝇之讥，以此救之，可无
患矣。时在壬戌中秋后五日，书于京师城北寓庐之涉园。"又在自书
扇跋云："此书初似董，入后乃有似米处，盖愈趋愈放矣。"此正四

几净双钩摹古帖

瓶束小啜试新醅

一〇 父亲所
书对联

十岁后之书体也。自五十二岁得北宋拓本《醴泉铭》,晚岁书乃多具欧意。先君书,始学颜,终学欧,故对欧颜二家书深致研索,如跋颜书《郭公庙碑》云:"……惟仙坛真本久佚,海内存者,几如星凤。

—— 父亲为邵幼实所绘扇面

而家庙碑椎拓过多，中兴颂剥损已甚，俱经开凿，面目已非。次山
碑剜改最少，最有典型。然学者初学把笔，宜先精谨，多宝而外，端
推此碑。俟结构既成，再等而上之，以麻姑、次山树其骨，以中兴、
八关扩其势，终以广平、家庙造其微。则风格遒上，骨肉停匀，希
颜之能事毕矣。予学颜书最久，所藏善本亦略备，故能约略举其要
以资津逮，后之览者，其勿忽诸。"跋欧书《醴泉铭》云："率更贞
观六年七月十二日书付善奴，授诀云：每秉笔必在圆正，气力纵横
重轻，凝神静虑，当审字势，四面停匀，八边俱备，短长和矩，粗
细折中。心眼准成，疏密欹正。最不可忙，忙则失势。次不可缓，缓
则骨痴。又不可瘦，瘦当形枯。复不可肥，肥即质浊。细详缓临，自
然备体。此时最要妙处。按此碑书于贞观六年四月以后，适在书授
诀之前三月耳。诀中所云，无不与碑字吻合，此正率更自道出《醴
泉铭》之甘苦语，非泛泛论笔诀也。然非观北宋初拓，字字而体之，
则不能知其语之亲切有味。予因适获北宋善本，每遇风日恬和，心

一二　母亲张宪祇，晚年号韵莆老人，幼习工笔花鸟，颇具功力。

情闲逸之际，取置晴窗净几，静观玩味，正不啻对欧公书诀时也。"

　　我父亲的书法博习诸家，又酷嗜董玄宰，而以颜书为骨。晚岁取欧书损益之，遂自成家，即晚年书。一生致力于书，无日不亲笔砚，而绘事则未尝学。至丙寅年四十五岁，偶因砚中余墨，自谓信

一三　母亲绘《木棉图》，父亲题记。

笔涂鸦，取便面戏作蕉石小景。画成，而观者交相称赞。自此间或作小幅山水，以应求索。如赠琉璃厂鉴光阁掌柜傅垲臣墨笔山水，题："癸西夏闰五月，仿松雪青绿法，为垲臣先生。今人用墨多不敢重，盖囿于耳目，余深悟此指，故放笔为之，乃实胜于用色也。"钤翼盦印一。又如赠崇巽庵浅设色山水，题："癸西六月拟黄鹤山人法，为巽丈方家指正。翼盦，朱文钧，时年五十有二矣。"钤印一。崇彝，字辅臣，号巽庵，又号选学斋。工诗文，酷嗜字画碑帖，精鉴别，撰有《选学斋书画寓目笔记》、《选学斋书画寓目笔记续编》、《选学斋诗集》诸书行世，为清咸丰间大学士柏俊之孙，蒙古正黄旗人。另有为书扇之另一面，故无上款，题："松鹤流泉，拟黄鹤山人大意。癸西立秋后一日，翼盦再笔。"钤印一。此三幅皆癸西年五十二岁作，距丙寅初作画为时八载，其间惟夏季偶作以遣永日，亦未尝为长卷巨幅。巽庵先生称先君诗书妙冠一时，画则余事耳，然肆笔遒丽清润而带书法，所谓书家画者（图一○、一一）。

我的母亲晚年自号韵莆老人，是光绪年间学部侍郎张公邵予之女（图一二），幼习工笔花鸟（图一三），所作多佚于动乱之中，只有一部手抄《陶渊明诗集》尚存。前有自书序言示儿辈："余少秉母训，女红是务，读书乃似余事，诗章绘画更余之余也。自入汝门，上事重闱，下抚汝辈，四十年中罕亲笔砚。今老矣，汝辈四人，三人远行。长日多暇，闲理尔父所收书籍文物，摩挲之余，俯仰兴喟。欲有所言，而时方不靖，发之书函者多不尽余意。诗画不理已久，欲寄所托，转费精神。独渊明诗语淡意深，余最喜诵之，因手写一通以付汝辈。汝辈皆三十以上人，余固无取于戒子之诗，亦不能如东坡伯蓟精写，以存全概云尔。甲申重阳韵莆老人书示儿辈。"

先母此序书于1944年，时国土已大半沦陷，我们弟兄四人有三人在蜀中，序中有"时方不靖，发之书函者多不尽余意"。缘当时日寇搜检抗日分子不遗余力，先母留居平寓，方日忧横祸之来，固有此语。此书距今已逾五十年，读之恍如侍亲之日，情景历历在目。

二　童年、少年
　和大学时代

1. 童年

我家从前就住在正阳门内东交民巷的　所大宅，是高祖文端公的赐第。光绪二十六年（1867年），正值我的曾祖和祖父都在外省任职，先父还在读书的时代，义和团在东交民巷烧教堂，我们全家都到京北沙岭郝姓亲戚家暂避，留下一些男仆人看家。义和团认为这座大宅院可能藏着洋人，曾屡次搜查。后来侵略军进城，又认为这座宅院可能藏着义和团，就放火烧了这座宅院。我父亲说，光绪二十七年从沙岭回来，家里已经成为一片瓦砾。临走时，只带些换洗的衣物，想当然过几天就会回来的，所以什么东西都没带走。但他记得出门前路过大厅，把大架几案上正中摆设的白玉"三羊开泰"揣在怀里，因为这是御赐的，却被祖母禁止了，说是兵荒马乱的，拿着这种东西会惹事。父亲听了我祖母的话，走到前廊沿就顺手掀开地炕洞口木板，搁在炕洞里的炉灰堆上了。这次回来在基址上找到大厅的炕洞口位置，居然挖出这件白玉"三羊开泰"。另外，还无意中拾到一件捣药的铜杵臼，一柄铜锤。虽然当时我还未出生，但可以想见先辈当时国破家亡的心情。

1914年，我出生在北京东城西堂子胡同（图一四、一五）。九岁时，迁居帽儿胡同。四岁的时候，我已断奶，但我的奶妈还留在我们家。她姓俞，其他女仆叫她"俞姐"，我称她"妈"。当时上房院的居住情况是：祖母住上房五间的西次间，父亲住东次间，陈干儿和桂干儿两个看妈带三哥和毛姐住西耳房，我随母亲住东耳房。堂屋照例不住人，中间有落地罩后炕，后窗外种着竹子。炕上设炕桌、炕案、坐褥、靠背、隐枕。炕下左右靠碧纱橱设茶几、椅子。南端靠板墙方窗下左右各设半圆桌。每天开饭时桌凳设在地面当中，饭毕撤出去仍放在西北游廊拐角处。三叔、三婶带着小庆妹住东厢房。祖母的佛堂设在西厢房。二婶带着二哥、禄姐住在后院北房五间的

一四 我六岁时留影

西次间和进间。前院上房五间，堂屋西的两间是祖父和老姨太住，东次间是大哥住，东进间是四叔婶带着小顺姐住。现在我还记得四岁时就是这样的居住格局（图一六、一七）。

我随母亲睡一张床，每天早晨醒来就叫一声"娘"，起床后到外间叫一声"爸爸"，到西间见祖母，叫一声"奶奶"。吃过早点，随

一五　八岁时和母亲的合影

着母亲到前院去见祖父，叫一声"爷爷"，对于叔婶也是见面叫一声，这是每天的礼节。

当时爷爷虽然才六十岁，已经是病人，总靠坐在一张摇椅上，不大爱说话。爷爷屋里有一张小椅子，是软靠垫，四腿下各有一小铁轮。我每天总要坐一下，再推着走几步。我叫它为汽车。有一天爷爷说："你喜欢这个汽车，就赏你吧。"娘命我请安谢赏，于是我就推回我的屋，属我所有了。

还有一件事也属于车的游戏。在上房院垂花门内，我和顺姐庆妹三个同岁的孩子一起骑在门槛上，嘴里连续说着"咕咚咚"，我们称之为坐火车，这是常有的节目。

在这一年五月端阳节，突然发生一件大事，我记得祖母的原话是"小皇上又登基了"。门房院男仆们纷纷吵嚷着："街上都挂龙旗了"。他们还反复的说一句谚语似的话："小宣统，别着急，五月初五挂龙旗"。过了两天又发生一件大事，爷爷去世了。以前只见过小孩哭几声，没见过大人哭。这一次见全家人聚在前院上房大哭，把我吓坏了。全家人都穿着白布衣裳，祖母、父亲、母亲在不哭的时候也都沉着脸，不理我。院子和屋里都变了样，供桌上摆着很高的大香炉和蜡台，供桌前放着一个长方的铜酒池，左右有两个男仆单腿跪着，一个男仆捧着酒壶，一个男仆捧着酒盏。父亲跪下，叔叔、哥哥们都排着跪下。一个男仆递过酒盏，一个男仆斟上酒，父亲把酒先举过头顶，慢慢放下，把酒泼在铜酒池内，然后叩头。我们也随着叩头。大家都哭起来，场面可怕极了。还有成队的和尚和喇嘛念经，喇嘛吹的叫"岗东"的大号更令人感觉阴森恐怖。

丧事期间，听说将要打仗的消息，于是赶紧出殡。没有几天果然打起来了，枪炮声震耳，还有飞机投炸弹。后院北房东次间的玻璃上有个枪眼。几年之后，陈干儿还常常指着弹痕说："这还是那年五月二十四，段祺瑞打张勋那当儿留下的"。

我成年后，对当时的事加以分析，祖父是清朝的遗老，"小皇上又登基了"这件事使祖父异常激动，久病的人经不住刺激，所以突然病逝了。祖父在清朝属于维新派，他安排我父亲去英国，考入牛

一六　帽儿胡同旧居内景

津大学,二叔在北京考入陆军贵胄学堂,三叔考入法政贵胄学堂。祖父满怀信心希望中国成为一个君主立宪政体的强国。辛亥革命发生,他觉得理想破灭了。虽然当时他只有五十四岁,却经不起这个打击,于是病倒了。

2. 少年

"家塾"是个书面语言,口语称为"书房"。这个"书房"是家中少年成员们的课室,聘请教师每日授课。个人的"书斋"在口语中也称为"书房",与此"书房"性质不同。儿童到了学龄,就该上"书房"了。

当时我家的书房设在东院第四进的院中北房。我还未到学龄,当然不能随便进去,不过星期日曾去看过。从上房院垂花门,就是我们三个同岁孩子"坐火车玩"的地方,下台阶往东走,进一个四扇绿屏门,穿过假山,入一个瓶式的随墙门,这个院中的北房五间就是书房。堂屋后檐墙下设一张条案,案前一张供桌,摆着圣人的牌位——大成至圣先师之位。先生起居在西进间,其他房间是学生们念书的地方。在他们上课的日子,我曾到过这个院子,听见前书房里七八个人高声朗诵的声音,有十五六岁的,也有七八岁的,每人念着不同的书。当时还有亲友家的孩子也在我家书房念书,当时习惯用语叫作"附学"。

在我未上书房以前,四五岁时,先是母亲教我认字,给我买《儿童教育画》,我很爱看。这是一种期刊性质的儿童读物,每期有二三十页,彩色印刷,商务印书馆出版。我成年以后才知道这本非常受儿童欢迎的刊物是丰子恺先生主编的。当我爱读儿童教育画的同时,还有一项随意的功课,就是读《千家诗》。我家住着一位亲戚,是旌德吕家的小姐,叫吕碧城,年纪和母亲差不多。她因为发表文章批判当时的军阀,有消息说当局要逮捕她。我母亲把她接到家里,她教我识字,念千字文,写红模子,有一年多的时间。后来时局有了变化,已经没有危险的时候,她才离开我家,到上海去了。她教我读的《千家诗》,是一本带图的书,每一页下半是诗,上半是诗意画。有一天,随我祖母到东安市场听戏,是梅兰芳的《风筝误》,戏中的

一七　帽儿胡同旧居花园一角。"宅园的池沼，都是山石驳岸。
　　　池底一般是夯土，也有用方砖细墁的。园的全部地面在
　　　造园时都已做好雨水的疏导安排，使雨水都流入池沼，
　　　驳岸叠石也做好水口，在雨天可以出现石上流泉的景色。
　　　所以夏季如果连阴雨次数较多的话，池中就常常水满，
　　　还可以泛舟。"（原载《北京城内旧宅园闻见录》）

丑小姐是李寿山扮演。当丑小姐和韩公子相会时，韩公子请教丑小姐做的诗。戏中的情节是，丑小姐本不会做，被韩公子追问得没办法，于是就念了一句："云淡风轻近午天"。韩公子听了说："呀！这是《千家诗》，怎说是小姐的佳篇？"小姐说："原是《千家诗》，我是看看公子可曾读过《千家诗》？原来公子读过《千家诗》，真乃是才子呀，哈哈。"听过这出喜剧之后，使我觉得《千家诗》是一本有趣味的书，所以没有规规矩矩念书的感觉，也和《儿童教育画》等同对待，并且从此又自发的以《儿童教育画》和《千家诗》中的图为蓝本画起画来。母亲看我瞎画，就给我买了几本商务印书馆出版的《初等毛笔习画帖》，但也是画着玩的性质，未上正规学画的轨道。

我七岁时开始上书房。第一天是父亲送我去的，书房堂屋供桌前，由男仆把红毡铺下，我向圣人牌位叩头，行三跪九叩礼，然后向先生叩头，从此每天正式上书房。我坐在一张不靠窗户的桌子旁，因为靠窗户的座位都已经有人。每天的功课，先念"生书"，就是没念过的书。先生领着朗诵，我随着念，一遍不会就念两遍或三遍。会念之后就自己念。先生叠一个纸条，在上面写一首五言绝句诗，共二十字，命我夹在书里。每念一遍就把夹在书里的诗条拉出一个字，念完二十遍再把诗条重新夹在书里，一直念到今天的生书可以背诵了，到先生面前说一声"先生，我背书"，把书递给先生，背过身去，背诵一遍。先生把书还给我，不说话，这就是先生认为合格。所谓合格是要求念得清楚流畅，中间如果发生停顿，需要想一想，或背错一句等等情况，先生立刻说："拿回去再念。"每天的生书背诵之后是写字。我描红模的阶段，在上书房以前已经完成，上书房写字的课程是"写影格"。一张京高纸裁成两张，蒙在"影格"上写。影格是先生写的字，半张京高纸大约纵一尺、横二尺，每行五个字，共五十个字。这门课程叫"写大字"。不同年龄的学生同时念不同的书，我念的是《弟子规》；毛姐念的是《史鉴节要》，也写影格；三哥念《论语》，已经开始临帖，写多宝塔；二哥念《左传》，临帖写九成宫，还要写小字临智永千字文。大哥考入师大附中，不在书房念书了。我当时还没有写小字的课程。写完大字，背"带书"，就是这本《弟子规》。在本日的"生书"之外，还要把前面的部分从头每天带着背诵一遍。此外要背"熟书"，这个名词是和"生书"相对而言的。这个时期我的"熟书"是从前吕碧城先生教我念的《千字文》，每天背一整本《千字文》，背完熟书我的一天课程完毕。先生说一声："你放学了"，我就听了先生的话回到上房院，见奶奶和娘，然后随心所欲到各处走走。当时的住宅有九个院落，如果算上附属的小院，应该是十三个院，例如附属在上房院的有我们习惯称为"桑树院"、"皮树院"和"小厨房院"，附属在门房院有"井院"，所以尽够我盘桓一会儿的。上房院窗台上有闭目养神、懒得理人的老猫，台阶下享受天伦之乐的猫母亲和跑跳窜扑的一群猫孩子。老椿树上老鸹窝的大老鸹给小老鸹喂食。老皮树上喜鹊喂小喜鹊等等都是放学后值得观赏的项目。走近厨房院时往往正看见厨房天窗冒出一阵很浓的热气，就知道这是蒸饭的大笼屉掀盖，说明快要开饭了。有时还能闻到炒菜的味儿，如果炸酱则味儿飘得更远。

以上都是在午饭前放学期间的情况。记得在我读《论语》时期，本来每天"生书"念五六行，不费什么时间我就可以背诵，然后写字，背"带书"，背"熟书"，午饭前就可以功课完毕放学了。大概是先生觉得我太悠闲了，在一个过年后开学时就说："今年长了一岁，每天应该念二十行'生书'了。"从这一天起，每天"生书"要到下午才能背诵，当然其他功课都推迟了，每天下午四五点钟才能功课完毕放学。我觉得增加功课，应该逐渐增加，借口长了一岁，就增加四分之三的量，未免太多了，简直就觉得这先生有点可恶。

还有一件事让我当时觉得很委屈，先生发现我写字的笔画先后次序不对，就站在我旁边，看着我写。她手拿一根织毛衣的竹针，看见这一笔不对，她也不说话，就拿竹针把我手中的笔挑开，于是这个字就添了一道黑。第二笔如果又不对，她还是不说话，这个字当然变成两道黑。我觉得很委屈，不过也不敢说什么，也不肯哭出声来，眼泪啪嗒啪嗒掉在这篇字纸上，先生才停止挑笔。

我在书房念书到了十四岁去上中学，在这期间先后有四位老师，鲁先生、郭先生是女士，唐先生和程先生是男士。鲁先生教小孩没有耐性，所以出现竹针挑笔的现象。我很喜欢郭先生，唐程二位也可以。程先生的时期正值冯玉祥和张作霖打仗，有一次听见远处炮声，程先生说："怕要戒严，早点走"，于是没吃午饭就走了，当然我们也就放学了。在我们书房游廊拐角的地方靠墙斜立着一个铅铁的大盆，有一次我无意碰了大铁盆一下，觉得很像远处的炮声，灵机一动，就和仆人赵玉商议，让他在十一点钟左右的时候，轻轻的碰这铁盆一下。我们正在书房写字，果然达到预期效果。先生说："又有炮声，我还是早点走吧。"这个方法用了两次，张作霖已经进了北京，冯玉祥已经被打跑，不可能再戒严，这个方法当然也不能再用了。我在书房几年，从写"影格"上升到临帖写柳公权玄秘塔。从念《弟子规》上升到念《孝经》、《论语》、《孟子》、《大学》、《中庸》、《诗经》、《左传》等功课。九岁时迁居帽儿胡同，在念《孝经》之前，郭先生认为不要立即读经书，她选择了当时高小的国文课本第二册和第三册让我念。我对这本书印象很深，到现在我还能像背经书一样背诵这本国文的内容。书的封面正中双行："共和国教科书"，下面单行："国文第二册"；右边一行："教育部审定高等小学校应用"，左边一行："商务印书馆印行"。翻开篇第一课的内容是："新书一册，先生讲，学生听，先读字音，后解字意。"第二课是："荷花上有蜻蜓，六足四翅，身有节，能屈曲"等等写事写景的文字。第三册略高深一些，例如："温彦博与群儿击球，球忽落入树穴。群儿谋取之，穴深不能得。彦博以盆取水，注入穴中，球遂浮出"。又例如："司马光与群儿戏于中庭。一儿误坠水缸中。群儿狂叫皆惊走。光俯取石，急击缸，缸破水流，儿乃不死"等等用浅显简短文言写的历史故事。

成年以后回想过去，我觉得当时商务印书馆出版的小学国文教材非常好，很自然地逐渐把学生引导到可以阅读古文的程度。我还有个体会就是青年时代把应"背诵"的书都熟读背诵，绝对是好事。我认为不存在什么"死记硬背"问题，熟读之后自然能背诵。

到十二岁那年，我记得每天书房功课完毕之后开始喜欢看小说，第一部看的是《西游记》，依次是《水浒传》、《封神演义》、《三国演义》、《红楼梦》、《儿女英雄传》等等。

从儿童时期到青少年时期在玩的方面喜欢放风筝。总是大哥领头，依次是二哥、三哥和两个姐姐，每人都有风筝，每年腊月里就开始准备，过年前后就可以放了，大约可以放到清明。风筝大的类别可分三类：一类是硬翅膀，一类是软翅膀，一类是拍子。每类都有很多品种，从三四尺到一丈不同的尺寸，每个品种有很多花样。硬翅膀，是左右翅膀轮廓都用竹条扎成两肩匀称的受风处。硬翅膀风筝中最流行的是沙燕。沙燕又有肥瘦之分，花样有花素之分，素的全用烟子画，名叫"黑锅底"；花的除必须以黑烟笔画翅膀、头顶、尾翎以外，都用彩色笔画主题花样，例如五蝠、七蝠、九蝠、云龙等等题材。除沙燕以外，还有蝴蝶、牧童骑牛、通天河（唐僧四众及大龟）、红萝卜、大白菜、红喜字、红寿字等。软翅膀的风筝只有翅膀的上边是用竹条扎成边框，下半部是活动的。最流行的软翅风筝是蝙蝠、蝴蝶、老鹰等等。这三种最自然，像真的，尤其老鹰风筝在天空盘旋的飞翔和真的老鹰一样。拍子风筝的形式是没有翅膀，周围用竹条扎成轮廓，是一扁片，下端垂着一条绳子。流行的有钟、鼎、蝉、青蛙和《打面缸》里的四老爷等形象。

风筝中还有一种是硬膀的结构，但下半部是随风飘而没有竹条轮廓的，例如龙睛鱼。鲇鱼也和真的一样。龙睛鱼的尾部和鲇鱼身子都用绸或布来制作。还有　种既非硬膀、软膀，也非拍子，是用竹条扎成一个个圆光，每个圆光横扎一根竹条，竹条两端有纸穗。每个圆光相距约半尺，用麻线连接起来若干圆光成为一条大蜈蚣，放起来很有威严气象。当年放八尺以下的风筝就在家里房顶上放起来，然后把线系到院里。如果放八尺以上风筝，例如一丈的沙燕或八尺的拍子，都要拿到皇城根北箭亭空场去放。

放风筝只是春天两三个月的游戏。不分季节的娱乐是听戏和学唱戏，因为家里从祖母以下都爱听戏，祖母经常带我们到戏院去听戏。关于我听戏、学戏、演戏的事以后作为一个章节来说。现在还接着前面家塾读书时期结束，将进中学以后的情况说一下。

我前后进过两个中学，初中在励志中学，高中上过第四中学。因为在家已经把初中一年级的课预习过了，考进中学以后上课觉得很轻松。现在回忆起来先预习过这个办法也不好，自己觉得这些我都会，于是就不用心听讲。一年级当然很轻松地过去了，到二年级仍旧是不好好听讲，到三年级感觉问题严重。首先是数学有些阶段都是夹生的，理化课也感到困难，这几门都出现过不及格。自己知道将要考高中，没人能救我，不敢向父母说，于是偷着找老师补习，好歹总算考上了高中。

中学期间，父亲命我课余时间点读《资治通鉴》，我的三个哥哥都曾经有过这样一个过程，所以我也不例外。最初点读进度很慢，好些日子才读完一卷。遇到不懂的句子就不加圈点，暂且放过，仍旧读下去。慢慢我发现，读到后来有时曾经不懂的地方也很自然地就懂了。进度也逐渐快些了。在几年里居然点读完全部《资治通鉴》，随着继续读完全部《续资治通鉴》和《明通鉴》。年纪大了，玩的更喜欢踢足球和滑冰、游泳，还有始终不变的就是听戏。

3. 大学时代

我上高中时期，向往着北京大学国文系和历史系。我把北大楼道里挂着的课程表仔细记录下来，挑选和本校课程时间不冲突的课（图一八），在其中选了黄节先生的汉魏六朝诗，胡适先生的文学史。北大当年是这样一种风气，不拒绝校外人进教室听讲。我记得在黄节先生的教室里每次都遇见吴宓先生，他当时已经在清华大学任教。

我虽然对于文科有兴趣，但在报考大学的时候，我的大哥、二哥一定要我报考北洋大学机械系和唐山交大水利系。我自己知道考不取，但也必须去考，结果没考上。他们又说："你岁数还小，从现在起用一年功明年再考。"这一年因为有了时间，我仍旧到北大听课，并且扩大了范围。黄节先生已回广东，胡适先生的课还继续上。另外又选择了罗常培先生的语言学，沈兼士先生的文字学，孟森先生的清代开国史，钱穆先生的中国通史。一年之后又报考唐山交大，当然还是考不取。我的哥哥们不再坚持。于是，我选择了辅仁大学国文系，因为教授的阵容都是北大的原班人马。

1937年，我进入辅仁大学国文系念书（图一九至二一）。从此我

一八　报考大学前自拍标准像，三哥很羡慕，也让我拍了一张。

离开数理化的困扰，可以快乐轻松地读书。

　　国文系主任余嘉锡先生，北大和在辅大都是讲目录学，我在北大听课的时候没听过余先生的课（图二二），而在国文系这是必修课。自从上了这门课，由《书目答问》进门，开始阅览《汉书·艺

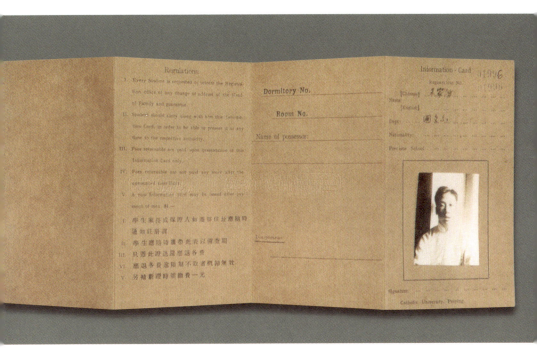

一九　我在辅仁大学读书时的学生证

文志》、《隋书·经籍志》、《直斋书录解题》、《四库全书提要》，对于经史子集有一个大概的轮廓印象，知道如果想研究什么应该去看什么书。记得在上大学的期间，如果到余先生家里去，进门见过先生坐下以后，余先生第一句话必然是说："你近来读些什么书？"我回答也必然是："我最近在读某某书。"余先生必然再问："有什么问题？"于是，我就提出一个准备好的问题，然后先生讲解。这一段谈话结束以后，渐渐话题可能转到其他内容。所以，每逢到余先生家去之前必须做好充分准备，如果提不出问题那就不像话了。

辅大国文系到二年级开始分组，甲组是文字学组，乙组是文学组，两组各有相同的选修课和不同的必修课。甲组的人少，男女生共八人，乙组则有数十人。我分到甲组。

顾随老师的课对于甲组来说是选修课（图二三）。我在上大学以前，景仰顾老师已久，所以当然要选顾老师的课。顾老师对于诗、词、曲和哲学的研究成就和诗、词、曲的创作水平，在这里都无需我来

二〇　在辅仁大学的赈灾义演中担任服务人员

赞颂，我只想把牢牢记住不忘的老师对我的训诲谈一谈。

我在顾老师班上够不上好学生，有寄给家长的分数单为证。我在顾老师这门课所得的分数总是B⁻，所以只算一个中等的学生。人们回忆过去的事常常对于第一次印象很深，我也是如此。我第一次把填词作业送给老师看，记得有这样的句子："御沟西，宫墙柳，寒枝瘦，曾记娇黄染袖……"，还有一个小令〔荷叶杯〕："隔院遥闻笙管，魂断，低唱袅晴丝……"。老师说 "你用的词藻都是古人用过的，这是对的，你正在学填词，就是要多记古人的词藻，当你用在描写某一种心情，某一样景物的时候，自然能够和恰当地知道该用什么样的词藻。以你填的词来说，'寒枝瘦'来形容柳树是不恰当的。'隔院遥闻笙管'，既是'隔院'又是'遥闻'当然是相当远了，怎么又是'低唱'呢？"

第一次送诗的作业，记得题目是"岁暮述怀"七言律诗一首，八句诗经老师修改了六句，只剩下第三、四句是："映日窗冰千岭雪，西风卷地一阶尘"。老师说："这两句还不错，是北京腊月的景象，很少见有人这样写，但这首诗的问题在于有景无情，既然题是'岁暮述怀'，不管是真是假，就是假怀也要述两句。"以上是当时老师的原话。关于学作诗填词，老师不止一次说过，学生学作诗填词，先

二一　陆宗达和大哥家济是同学，又是极要好的朋友，对我也很好。我的关于小学的基础全仗陆大哥当年打得好，受益匪浅。

二二　余嘉锡先生

不要听信有些高论，说作诗填词首先要有新的立意，要创新。这话本来是对的，但不是学生阶段的事。你们现在学作诗填词，首先是读书，一定要知道应该背诵的书，如《诗经》《楚辞》《玉台新咏》，至于《全唐诗》要全部通读，当然不能全部背诵，但有一部分也必须背诵。可以从《全唐诗录》中选择背诵，唐诗中要有千首以上能背。宋元明清的诗也要浏览。学填词，如果说只要求学会，那很简单，你把清人万树编的《词律》二十卷通读一遍，就可以算已经学会了，但尽管你知道了某一个调子怎样填法，可是你肚子里空空如也，拿什么填，所以说也必须能背诵若干首古人的词，才有资本填词。现在也有很多人反对背诵，说什么'死记硬背'没有用。我认为背书根本不存在什么死和硬的问题，譬如你喜欢的作品多念些遍很自然地就能背诵。我从来没有死和硬的感觉。个人词集传世很多，时间不够用，也可以不读，只读词选也够了。后蜀赵崇珍编的《花间集》十卷是最早一部综合诸家的词选，唐末名家有些词仅留存在这一部选集里。宋人编的词选当中我认为最好的要算周密编的《绝

二三 顾随先生

妙好词》七卷，选有宋人词一百多家，选择很严谨，有些宋人词集早已失传，其姓名、作品也仅仅存留在这部选集中。清人查为仁和厉鹗为这部选集所作笺注更便于初学。明人陈耀文编的《花草粹编》

二十三卷选有唐宋元人的词，内容相当丰富。这部选集很大的优点，就是每一调有原题的必录原题，有本事的也说明本事，遇有稍冷僻的必说明采自某书。以上三部词选应该是必读的，选择其中有自己喜欢的多念几遍自然可以背出来。近人编的选集由胡适之编的《词选》也很好，平装一册，随手翻一翻很方便。此外，还应该说说，清人朱彝尊编的《词综》三十四卷。这部选集收入唐宋金元词五百余家，选择精严。在各专集和诸选本之外，凡笔记杂谈中有应录入的词也不排除，所以有不少词是其他选本未见之作。还有些词在其他选本中把词名、句逗、姓氏弄错的他都加以订正，所以这部选集应该通读一遍。还有康熙年间沈辰垣等人奉敕搜罗日集，录词自唐至明一千五百四十调，九千余首，定名为《历代诗余》，包括词人姓氏十卷，词话十卷，共一百二十卷，可谓前所未有集其大成的词选。这部书应该一目十行的粗读一遍以广眼界。它和《词综》都属于备查的书。学作诗填词照着我所推荐的书，分别背诵、通读、浏览，不同的对待，这样读书之后，肚里装进若干名篇秀句，到时候不论作诗填词，自然思涌珠泉，情抽蕙圃。

在课堂以外和老师见面，除交作业恭聆教诲以外，老师还喜欢谈戏，常常是谈不了多久就把话转到杨小楼，有时还大声学杨小楼的念白。老师对杨的表演艺术已经由欣赏到了崇敬的程度，曾说过："杜工部是诗圣，杨小楼可称戏圣。"杨先生是1938年春节后农历正月十日逝世的。1937年，日本鬼子尚未占领北平的春天，杨先生在长安戏院演出一个较长的时期。顾老师在1938到1940这几年里每谈到杨小楼时总爱反复谈这一时期所看的戏。自1938年的秋季开始，辅仁大学成立课余的组织"辅大国剧社"，有一次我主演《长坂坡》，扮演赵云，是学杨小楼的。老师看过之后认为不错。后来，又看过一出《镇潭州》，我扮演岳飞；一次《落马湖》，我演黄天霸。还有两次是和名演员合作，由刘砚芳演黄忠，我扮赵云，合演《阳平关》（图二四、二五）。另一出勾脸的戏《拿高登》，老师看过之后说："好！有杨小楼的神韵"。我听了老师的夸奖，当然很高兴，但过后分析，老师对我的诗词作业的评语，常常是"不露怯"、"不

二四　1932年，我在广和楼演出《群英会》(饰鲁肃)。同学李
　　　致忠（右）专门去看我的戏。

俗"、"很像样"、"不错"等等，都属于夸奖的评语，但从来没有像
看完戏之后那么干脆说一个"好"字。我分析老师对于我的诗词作
业的评语和B⁻的分数是符合的，也就是说，我的诗词作业比不上我
演的戏。我这样设想，如果诗词能够得A⁺，大概口头评语就会出现
"好！有宋词神韵"。这是当时我的幼稚的思想活动。

二五　演出《镇潭州》（饰岳飞）后在学校门口留影

　　当日老师的训诲，还有关于写字执笔方法的一番话，也是我至今记忆犹新的。因为我每次交作业都是用红格纸墨笔楷书，这一点曾得到嘉许。有一次在老师家里谈起写字，老师说："看你的小楷大概是经常临《荐季直表》，虽然这是正道，但石刻拓本看不出笔道的起落，可以参考唐人写经，你买一本影印的《唐人写妙法莲华经》，多看看，自然会有长进。"当时桌上有纸和笔墨，老师说："你写几个字，我看看你怎么拿笔。"我当时提笔写了几个三寸大楷。老师说："悬腕用不着手臂抬那么高，我知道十个人有九个人都是这样，这叫'傻悬腕'，除非是写匾额大字需要腕和肘同时高抬　你刚才写的这几个大楷，等于没使上腕子的劲，反而是用肘在对付着写。譬如这么大小的字，只需要手腕离开桌面就行了，肘抬得比腕要略高，竖掌，这时候重心就落在腕上了。然后运腕自然可以圆转如意。譬如再小一些的字，同样可用这个办法，不排除手腕在运转过程中有时也会接触一下桌面，这不要紧，只要你不是手腕紧紧死贴在桌上就行了。我从前也是'傻悬腕'，后来看过沈尹默先生写字才懂得怎样悬腕。"我自从听了这番教导以后，留神观察，也有不少已经号称书家的先生们也还停留在"傻悬腕"的阶段。

我和顾老师在一起的日子，是 1938 年到 1942 年。1942 年的冬天，我就离开沦陷的北平到抗战的后方重庆。1945 年日本鬼子投降。1946 年，我回到北平故宫博物院上班，每日忙忙碌碌和学生时代不同了，也就很少有机会和顾老师见面。等 1949 年后顾老师到天津，从此一别就再也没见了。

在辅仁大学甲组学习时，由沈兼士先生辅导我通读段玉裁的《说文解字注》。我还参加了沈先生领导的一个编辑室，做些抄抄写写的杂活，为的是锻炼自己。甲组必修的课还有陆宗达先生的训诂学，魏建功先生的声韵学。甲、乙组共同的课，我选修的有高阆仙先生的汉魏六朝文，顾随先生的宋词，孙人和先生的词史等等。历史系的课我选修的有陈垣先生的史学名著。当时我通读过的原著有《史记》、《汉书》、《后汉书》、《三国志》、《昭明文选》、《唐诗别裁》、《花间集》、《明史》等等，还有阅览和查考的书。我的毕业论文题目是《春秋左传礼徵》。余先生命我先把孙诒让的《周礼正义》通读一遍，把书中引用的《左传》有关礼的段落摘录下来，然后再将《周礼》、《仪礼》、《礼记》中所载有关的原文摘录下来，经过研究增入自己的见解。交卷时可能我不自觉地流露了自喜的情绪，余先生说：你不要觉得这本论文和经解差不多了，还差得远呢。不过，这次又通读了三礼、三传和《周礼正义》，日后受用无穷。

三　　逃出沦陷区

　　辅仁大学是天主教会办的学校，经费由梵蒂冈教廷直接拨给，所以日本占领北平以后对于辅大未加干预，我们在这里上学等于世外桃源。等到毕业需要离开学校，就不能继续留在北平了（图二六）。沈兼士先生当时准备离开北平到重庆，他告诉我有不少人秘密离开北平潜往抗战的大后方，走的是"跑单帮"的商人走的一条路。我听之后下决心要走。当时我已经结婚，我的妻子姓赵名镤，字仲巽。她的祖父荣庆是清代末年的协办大学士、军机大臣，喀尔喀蒙古鄂卓尔氏（图二七、二八）。仲巽自幼娇生惯养，我原来设想当时虽然我父亲已经去世，母亲和二哥带着一大家人还住在大宅院里（图二九、三○），仲巽可以留在这个大家里。但没有料到她不怕吃苦，愿意和我一起走。母亲当然舍不得我离开，但从大处着想，也支持我走。还有三哥家源，当时在清华大学已经毕业，这次也和我一起走。

二六　1941年在辅仁大学国文系毕业，获学士学位。

二七　夫人赵仲巽

二八 夫人赵仲巽和我的三嫂（右）

日本袭击珍珠港以后不久，我们在家过完日历年，在正月十九日叩别母亲离开可爱的家。

我们乘津浦铁路的火车到徐州站下车，正是半夜。我们坐着人力车，由车夫放下车拍门问有没有房间，问了几处都答复没有，最

二九　1934年，北平地方法院发布的关于我家购买炒豆
　　　胡同清代博多勒噶台亲王阿穆尔灵圭府第的布告。
　　　阿穆尔灵圭曾管理銮舆卫，清室退位后又曾任民
　　　国的国会议员。其死后因欠族中赡养费，法院受理
　　　他族中告状而拍卖他的府第。时当北伐成功，国都
　　　南迁，北京很多大宅或出售或出租都很少有人问
　　　津。我家以一万零五百元买到这座府第。

三〇　怡亲王手书"碧梧翠竹"横匾。该匾原置炒豆胡同旧
　　　宅，现藏浙江省博物馆。

后有一家说有，才住下了。次日早晨上街吃早点，是缸贴子（一种
烧饼，用无底的大缸作为烤箱，饼坯就直接贴在很烫的缸壁上，缸
底部分是火，与北京过去的吊炉烧饼相似）、豆浆、油条。吃过之后
就到伪淮海行政长官公署。这里的伪长官名郝鹏，字雨苍，是京北
沙岭的一家大地主，和我们家有亲戚关系。这次我们去见他就是请
他保护我们的意思，因为我们在北平的时候也听说过，某某不但没
有偷渡成反而被扣等等消息。这次见到郝鹏，把来意说明，他满口
答应，要我们住几天，再派人护送我们。过几天，他果然派了一个
姓刘的上尉军官来接洽，约定次日乘陇海路火车到河南商丘，在商
丘车站再雇一辆骡车到安徽亳州。这一路遇有军警盘查都由那位上
尉来应付。住在商丘旅馆的次日，有一个伪军的营长，姓姜，亳州
本地人，是清代晚期毅军统领姜桂题的后裔。他很热诚地问我们是
否要过那边去，姓刘的军官代我们说是要过去。姓姜的说："自从
台儿庄战役以后，这里就平静下来，驻守亳州的日军只有十几个
人，从这里最前线的铁丝网出去步行三天到达河南的界首，就是我
军的驻扎地。由我们给站岗的哨兵一点小费，告诉他这是商人就过
去了。"住了两天，一切就由这个伪营长安排，将北平带出来的伪币
换成法币，雇三辆人力架子车都是他经手。他还给我们写了一封介
绍信，介绍给他的一个朋友，在界首开设报关行的经理。我们一行

人乘架子车出了亳州府城，离城门不远就到了铁丝网，只见一个日本兵持枪站岗，送我们来的一个伪军给日本兵行个举手礼，日本兵还一个举手礼，就挪开铁丝门让我们过去了。什么话也没说，好像他们之间都心领神会有默契似的。这时候我们走的是交战双方都不管的地带，走了半天上了一条公路，但这条公路是激战时期我方破坏的，已经到无法行车的程度。架子车只能载着简单的行李勉强费力地前进，人只能步行，就像有规律地一会儿上山，一会儿下山的方式走路。好不容易把这段路走过去，走上一条小路，只见一个小村落，有一家卖粥的，我们每人吃了两碗。这个粥是小麦用碾子轧过一遍，成为破碎的粒状熬的粥，麦香很足，任何高级罐头麦片都赶不上。吃完继续走，我们都觉得步行比坐在架子车上还舒服些，于是干脆步行，架子车也因减轻负担走得快些。我们根本不认路，天色渐黑，今夜住在哪里？心里正在着急，车夫说前面就到了。只见远处有一溜灯光在黑暗中闪烁着，走近才知道是一个小集。架子车在一家面店前停下，并告诉我们就住在这里。我们进去以后问店家。"面条有什么佐料？"店家说："没有什么佐料。"我说，我们带有烧饼，这没有佐料的面我们就不吃了。店家说："不行，我们这里的规矩，吃完面就住店，你不吃面，我们没法算你的店钱。"我看那店家满脸凶相，不敢和他多说，连忙答应吃面。店家又问："你们吃甜的，吃咸的？"我觉得面条做法的种类很多，可是没吃过甜味的面，于是就说："吃甜的。"等吃在嘴里才知道，所谓甜的就是没有盐，就叫甜面。由于这位店家说："不吃面就没法算店钱"，使我想起《巴骆和》这出戏中卞黑店的胡鲤，有一句词："吃也算钱，不吃也算钱"，和我们遇见的店家所说一样。

睡觉的地方是一间草房，两条板凳架着两扇门，成为一个床。我们打开行李拿出一条被来在光板上睡了一夜。天还没十分亮，就起来上路。我们步行几天有了一点体会，如果天亮开始上路，到黄昏时候就住下，一天可以走六十里。如果太阳还未出来开始上路，到天完全黑了才住店，就可以走一百里。就这样每日晓行夜宿到了界首，最使人兴奋的是看见了国家的军队和国旗，我高兴地跑过去想和站岗的士兵拥抱一下，但他用手挡开了没有接受。这里有警备司令部，司令何柱国原是驻守山海关和日本打过仗的英雄人物。在战前，界首只是一个小集镇，几乎没有什么像样的建筑物，所看到的一切都是因陋就简，但市面却很繁荣。我拿着那位亳州姜营长的介绍信，找到那一家报关行。一所大宅院，门上有匾，是"信义诚号"四个字。见到了经理，非常热情，表示愿意为投奔后方的沦陷区学生服务。这报关行的业务，是代理来往于沦陷区与后方商人的报关交税事宜，另外也充当几种货物的经济人。他这里有仓库，有客房，住着不少沦陷区的商人，有宁波人、镇江人、山东人、天津人，看起来生意很兴隆。临走时还坚决不收我们的食宿费用，说要赚钱从他们（指商人们）身上赚，日后你们用钱的地方多着呢。

我们在这里休息了三天，换洗衣服，准备下个目标到洛阳。虽然可以通汽车，但只是货车搭客，非常拥挤。据社会服务处的工作人员说，"如果登记搭货车不定要等多少日子，要想立刻走，服务处可以代雇架子车到漯河，从漯河再雇架子车到洛阳，几天的光阴计日可到"。我们接受了这个建议。到了漯河，看起来不像界首那样一幅暴发的商埠面貌。我们住在一个招待所，是部队开设的，对于战区来的学生只收半价。从漯河又雇架子车载着行李上路。这时，我们对于长途步行已经很习惯。我们一般走小路，有时在大路和小路交叉的地段遇见运货搭客的敞篷大卡车，车后黄尘滚滚都落在乘客身上。听搭车的人说："帽子上身上的黄土能有两三寸厚。"

这样到了洛阳。还未走进洛阳城，先经过龙门，伊川的山光水色使人精神为之一爽，连日的风尘疲惫仿佛一洗而空。参观了石窟造像，站在那位卢舍那佛的座下，仰视慈容，感觉好像有很多话要和我说。伊阙佛龛的碑文在家时只看到拓本，现在看见原石，更觉亲切。走进市区，住在洛都旅馆，午饭在春发楼吃，水平和当时北平大栅栏的河南饭馆"厚德福"一样，红烧鲤鱼焙面尤其好。又去看白马寺、关陵。碑林中，许多汉碑都是早就看过拓本，此次如见故人。洛阳不仅有保存下来的文物，还有一些古迹实际已不存在，但在地名上却保留着，例如金谷园、铜驼巷等等，足以令人发思古之幽情。

从洛阳到灵宝，有一段火车可坐。一排一排的木条椅子，门上挂着煤油灯，这大概是陇海铁路初创时代的车厢。车上不预备午餐，我们上车之前在洛阳街上吃炸油条、烙馍、羊肉汤，已经很饱，用不着吃午饭。河南、陕西某些集镇上随处可见一口大锅，里面有用羊肉、羊肚、双肠等等熬的汤，都非常浓，异常鲜美，不像现在旅游点供应的著名而又有名无实、淡而无味的羊肉汤泡馍。这一段火车晚上到达灵宝，前面铁路不通，天已全黑，没看见灵宝是什么样。随着人群走进一条街，在一家茅草店住了一夜。次日早晨又雇架子车，由牛架辕。因为这段是过函谷关，走山路，所以用牛。相传老子骑青牛过函谷关，又曾看过一幅唐寅画的《关山行旅图》，题画诗中有"轻载驴骡重载牛"之句，可见我们用牛驾车是古来有据的。

走了一天，到达张家湾已是晚上。再登火车，这次乘的是铁甲车，因为过风陵渡桥的时候，隔岸山西的日本兵常常开炮轰击我们的火车，所以这段路不能用普通车厢。行车将近桥时，车内灯全部灭掉，急行过桥。很幸运地平安过去，到陕西华阴站停车。当时天黑又下雨，我们下车没有出站，在车站大厅候车室里吃了些东西就靠着行李睡了。次日天明时我出去上厕所，走出候车大厅，雨过天晴，眼前一亮，很突然地看见了华山的全景。原来我站的地方正面对西岳华山，像一幅长的画卷，苍龙岭、莲花峰等等胜景都在眼前，当时不由得就想起了王士禛的诗中有"太华居然落眼前"之句。这个"居然"正是我此刻心头所感，不仅"居然"，又用一个"落"更是生动万分。

从华阴到宝鸡这一段陇海铁路是当时在后方通车最长、行车最正规化的一段，华阴宫殿式的车站是抗战开始前新建的，行车准时，有客、货运的区别，有特别快车和普通快车的区别，有对号入座等等，都是河南境内的火车做不到的。我们经过西安也没下车，一直到宝鸡才下车。在火车上已经听人说，宝鸡的大华纱厂最近有个汽车队运棉到四川广元，我们下车住到旅馆以后就去大华联系，很快就交钱办妥。当时在后方有一句很流行的话，叫"搭黄鱼"，就是指货运车上搭载乘客。这是当时司机的一笔额外收入。

等候几天车队出发了。每辆车上装着几个方形的大棉包，据说每个棉包有五百公斤，平平整整略高出车帮约二三寸，车上的　点小空档已被二人占有，我们只能坐在棉包的平面上，虽然单摆浮搁无可依靠，然而可以四面畅观风景，十分爽快。渐渐进入秦岭山区，汽车在之字形的路线上盘旋上山，进入云层，路牌上常写着"前面急弯危险"的字样。突然下起雨来，司机停车把防雨罩打开，将我们和棉包一起盖上后继续行驶。黑暗中只听见雨声甚急，好像在催促汽车快跑。好半日，雨声住了，但司机并无停车收起雨布的意思，我实在忍不住，把头从雨布下伸出来透透气。呀！这雨后飞泉，竹林如沐，长松落翠，峰峦参差，隐现云层中，各自处于阴晴不同的地带，因而山色各异，实在太美了。这个地方叫柴关岭。这一晚，汽车在"云横秀岭"的画卷中行驶到留坝停车住下。留坝这个地方原名紫柏山，相传张良从赤松子游，就隐居在此，后人建有一座留侯祠。祠内古木森森，溪流潺潺，池馆台榭布置得疏密得宜，精致而不华丽，与自然环境相得益彰。当时的中国旅行社在这里设立一个招待所，只在原有的一般房屋中摆设一些供旅客用的床铺餐桌等，此外再也没有其他旅馆设施，所以在观赏这座祠宇时丝毫看不出有个旅馆在内。对于保护名胜古迹并同时开放供人游览，这是我遇到的最早、最完美的范例。五十年后在日本的京都、奈良等地许多名胜古迹也看到这种办法。这是后话。近年来，国内许多古迹被开发商乱造大楼，料想留侯祠已经在劫难逃了。

司机说要修车，得住两天。在这样云山深处停留两天当然让人高兴，餐厅的四川家常菜做得非常好，麻婆豆腐、回锅肉两样很普通的菜，令人难忘。离开留坝以后，汽车不再上山下山的盘桓，而是在两山之间行驶，两边都是悬崖峭壁，中间是涧水。汽车的右边是山涧，左边是峭壁，我看见峭壁上每隔丈余就有一个约一尺口径的方孔，有时在涧左边的石壁上，有时在右边石壁上，等走到山谷口，看见石门，出了谷口就看见褒城。至此我才算完全明白，刚才走的就是著名的褒斜道。《开通褒斜道记》的刻石拓本我曾临写过若干遍，是一种近似篆体的隶书，内容还记得一些，年代是汉明帝永平六年建成的，计时九年。其曰："作桥格六百三十，大桥五，为道二百五十八里，用功七十六万六千百余人。……"从前读史书，遇见有"烧毁栈道"的记载，觉得无法理解，如果战略上需要破坏道路，无非是挖掘路面，使平整的路面变成坑洼不平，有什么可烧的？难道路面还怕烧？这一次见到实况才明白。栈道完全是用木材支架搭成的一条道路，峭壁上凿的方孔就是插木材的地方。木材搭的道路当然是能够烧毁的。

　　站在石门外，远望褒县的城池全景，它坐落在山区中一片高原的平地上，是一座很美的山城。进了城门走在中轴线的街上，两边有民居，有商店，没有很热闹的场所和华丽的建筑物，但也没有破烂的地方，都是传统形式的房屋，看起来很舒服。离开褒城，经过定军山、阳平关，以历史题材编的戏目有这两出，并且我都演过，经过时觉得特别亲切。在这两地中间还有个地点，路牌上写着宁强，据我所知原名宁羌，曾经是羌人居住的地区。这里虽是陕西境内，但离四川很近，已经有头上包帕子的行人。这时候汽车又开始上山，从此就进入四川境了。车在岭上盘桓前进，车的右边往下看是嘉陵江，地名叫明月峡（图三一），车的左边是峰顶，周围有很多隋代的石窟造像，下半部分有　层因修公路已经被破坏。我正在扭着头看造像，突然看见路牌上写着"急弯慢行！"但我们车的司机大约是睡着了，不仅没有慢行，也没向左转弯，而是照直把车往前开下去了。车身猛的倾斜，就把坐在棉包上的我们三人一齐抛下山去，幸而落在了江边的沙滩上才免于一死。当时陷在沙中很深，我爬出沙子以后发现衣服里外的纽扣全都脱开，嘴里啃了许多沙子。然后把仲巽揪出来，但未见三哥，我用力喊他，只听他在什么地方说："我在这儿哪。"原来汽车正落在他上面，但汽车的底盘并未碰伤他，就是出不来。于是我就用手挖沙子，把他从车旁挖出来，居然一点伤没有，还在咯儿咯儿笑。后面一辆车上的乘客是几位青年军官，他们看见这辆车出了事故，就停车脱下马靴从山上走下来把我们搀扶上去，又替我们背着行李，用他们的车把我们送到大华纱厂的附属医院检

三一　四川广元明月峡栈道。1943 年，与仲巽
　　　　及三哥家源即在此处翻车坠峡。

查身体，总算运气好，没什么问题，无需住院。次日我们搬到天主
教堂，是一所老住宅，比较安静。在这里休息两日，到四川公路局
登记到成都的车票。这回是正规的客运，不是黄鱼。坐的是轿车，离
开川陕交界的广元，行驶在四川的地面。经过宝轮院的渡口，汽车
开上一条不大的木船，用篙撑过河去，我第一次尝试这样渡河。汽
车下午来到剑门，山峰的样子很像武器库中若干口宝剑的尖锋朝上
排列在兵器架上。剑阁有一座不大的城门楼，进了城门，是一条石

板路，两旁店铺都是旧式房屋。柜台设在前檐下，掌柜的坐在柜台后面抽水烟。茶馆里打着锣鼓唱高腔，幺师（茶房）一手提着开水壶，一手拿着一摞碗，张罗着顾客，墙上挂着很多新草鞋。饭馆的门面上挂着一块鲜肉，一把青菜，下面是灶，油锅炒菜的香味扑鼻而来。路上的行人有的挑担子，有的扛锄头，都是头缠帕子，脚穿草鞋，配着青山白云的远景，真是一幅《晴岚山市图》。当晚我们就住在这山市中，一家小客店是新盖的旧式房子，只有婆媳二人，我们住在楼上，听见楼下说话。家里没有男人，婆婆向儿媳嘱咐："客人喊幺师当然就是喊你，你要答应。下江客人喊茶房，也是喊你。北方客人喊伙计也是喊你"。儿媳小声回答："哪里记得到好多。"次日离开剑阁，之后多半是平路了。经过梓潼，拜谒文昌帝君庙。梓潼还有一处令人难忘的胜景就是"翠云廊"。大道两旁的古柏，每一棵都是几个人也抱不拢。相传是汉柏。姑且不论是否是真的汉代植物，按其高大程度至少也是将近千年。以数量而言，汽车在这些树下穿行的时间也不是很短。听当地人说，此地的县官上一任与下一任交接时，除去印信、关防，还要一棵一棵点清"翠云廊"的这些古柏。

那一天我们住在绵阳。这又是一座很好看的城市，城墙的砖缝中生长的薜荔参差下垂着。城楼的形式和亳州府城、褒城的县城都不甚相同，城楼的垛口生出一棵桂树倒垂下来，尤为城门洞生色不少。城内大街两旁都是桐梓大树，清凉瓦屋，真是个安居的好地方。次日经过广汉，到了成都。当时觉得成都很像北京。我们住在中国旅行社的招待所，参观武侯祠、青羊宫、杜工部草堂等古迹之后，买了四川公路局到重庆的车票又登程了。

中途经过简阳，在内江住一夜。这是四川省制糖业的集中地点，市区里到处糖香扑鼻，糖腌的干鲜果品种类很多，都很好，尤其橘饼最美。白糖做的白胖娃娃，既是食物又是陈设玩具。从内江经过璧山、青木关、化龙桥，进入重庆市区到两路口终点站，下车正在落雨，我们雇了两个挑夫挑着行李步行到储奇门码头，乘轮渡过江，到南岸海棠溪下船，步行上山到向家坡我大哥朱家济的工作单位

——中国贸易委员会。找到大哥，他为我们的住处是这样安排的，三哥随他住单身男宿舍，另外有他的同事陆以洪先生住的家庭宿舍借给我们夫妇一间。安排妥当以后，把湿衣服、湿鞋脱下，到食堂去吃饭，饭后各回住所睡觉。

从正月十九日自北平动身到这一天到达重庆，共五十天。躺在床上听着外面雨声和杜鹃叫声，这是我平生第一次听见杜鹃的叫声，又有山谷中的回音，想起母亲，想起北平的家，觉得格外凄凉。

四 在重庆的日子

抗战时期在后方想找工作很容易，当时青年人的心理是抗战第一，干什么都可以。在重庆是找工作最容易，找对象也容易，就是找住房最难。各单位多半是单身集体宿舍，有的宿舍容纳不下，就住在办公室，晚上把办公桌拼起来当床，还有睡地板的，有家属宿舍的多半在郊区。我到了重庆没有几天就有工作了，是我家的一位世交，名叫贺师俊，他的父亲贺德霖和我父亲既是好朋友，又是浙江同乡。这位贺师俊当时的职务是中央文化驿站总管理处的处长，他派我在人事室当一名干事。这个单位在牛角沱，是嘉陵江边的一个小镇，有一座老式木结构的楼房，已经被日本鬼子飞机炸毁了半边，还有半边屹立在江边。我们就在楼内办公。楼后山坡上有两排平房，我们的单身集体宿舍和食堂都在这两排房中。宿舍是四个人一间，只是家属还在南岸向家坡租了一间草房暂且安身（图三二）。因为当时常有空袭，人口能够疏散的尽量不留在市区。当时的待遇工资按级别发法币，另外不论级别高低每人发一石米。这一石米按家庭人口每人给二斗米实物，其余给代金。这是当时一般公务人员的待遇，我也不例外地开始这种生活方式。每天早晨在食堂吃过稀饭来到办公室，我的办公室就在那座半边楼内，有一面窗户朝着嘉陵江，每天可以看到很多过往的帆船和轮船，晚上可以看见江北兵工厂炉火的红光，另一面窗则对着一条自上而下的石径。石径两侧有很多芭蕉树，可以称为蕉林。雾天有人从上面走下来好像白云中降落，雨天则有蕉林雨声也是一种静中的幽趣。"蕉林听雨"、"嘉陵竞渡"可以算是牛角沱的二景。我在这里的人事工作实际轻松得很，每逢星期六就回到向家坡那间草房。当时回家的路线是从牛角沱走不多远就是曾家岩公共汽车站，每次上了车就听到售票员报告沿途经过的站："上清寺、两路口、观音岩、七星岗、校场口、储奇门，小十字不停，过街楼不去（川东音读如且）"。我总是在终点站下车，

三二　抗战期间，我们兄弟从重庆寄给母亲的
　　　家信，绘图以状向家坡村居。

再走下那个大坡坡，到轮渡码头上船。每次将要开船时，总有一个
湖北口音的人向乘客介绍八卦丹，凡是常乘轮渡的人都非常熟悉这
一套宣传词。辅大同学联欢会上我曾一字不差地用湖北话学说这套
卖药的广告，招得哄堂大笑。

三三　抗战胜利，在重庆鹅公岩粮食部宿舍门前
　　留影，怀中所抱是我的长子传棠。

　　向家坡这个临时的家，是一间捆绑作法的草房，坐落在一个山
坡的平地上。邻居有两间草房，住着中茶公司职工家属，坡下有若
干瓦房住着贸易委员会的职工家属。我们买了一张双人的大竹板，
两条竹凳，挂一件从北平带来的珠罗蚊帐，还有一个小炭炉，以及
应用的锅、碗、勺、筷、水缸等等，借了一张长方桌、两个凳子，这
个家就算立起来了。我每周回来一次，仲巽有一次因感冒到医务室
去看病，经医生检查说她已经怀孕有四个月了，算一下日期，在广
元翻车的时候已经怀孕一个多月，居然没流产，真是奇迹。从此以
后开始背上思想包袱，忧虑在这个环境中生孩子的重重困难。首先
要选择医院，我们选中的是国际红十字医院。位置是从向家坡上去，
越过南山顶的清风峡、黄桷垭，离文峰塔很近的松林中的一座老式
楼房内。送仲巽去检查时，医生说她的产期在十月初，我向医生提
出要求，就说这里全是山路，坐滑竿从下边到医院要走很长时间，如

果临产前才到医院来，时间绝对不够，请求在十月初就前来住院等候。医生答应，后来就这样办了。到十一月十二日才生下一个男孩，按规定生产后一周就应该出院，但因为回家没有人照顾，而红十字医院又很安静，一般空袭警报在深山中都无需进防空洞，所以和医院恳求住到满月才回家，满月之后就可以照常操作家务了。

在牛角沱上班，家住南岸，来往奔波，重庆又常下雨，道路泥泞。这样过了一年多，可巧有个机会到粮食部任专员，具体工作在粮食部储备司，最大的优点是粮食部在郊区鹅公岩有新建的家属宿舍（图三三）。

当时刚刚有了孩子，特别突出地感到钱不够。因为管理人事，我知道有很多人做所谓的"兼职"贴补家用，我们处里就有两个人早在别的地方上了班，可一直请的是事假。人不露面，还照领工资。我想，我也可以暂不正式辞职，先多领几个月工资。我把想法跟贺师俊大哥说了，他不仅是我的上司，也是来文化驿站的介绍人，只要他点了头，大概没有什么问题。没料到的是，他根本不同意，他说，你能得到房子，这比什么都重要，就写个辞职报告吧，你说的那两个人我知道，别人这么做可以，你不可以。因为你是我荐来的，你要走，干脆辞职。

按：这一阶段的生活对于我的父母来说，真是不小的考验。父亲有个同学是飞行员，叫毕道仁的，工资高出父亲很多，又没有任何负担，对父亲说：要用钱上我这儿拿来。除此之外，每周都要找上父亲到外面饭馆里去吃一顿，结账照例不用父亲。当然也有一时找不着工作，情况比父亲还糟的人，也是大学的同学，大约有三个月找不到工作，白天待在父亲文化驿站的宿舍，晚上就睡办公室，父亲在食堂替他交上二斗米、四块钱，就能一个月有饭吃。这就是抗战时期，无法预料会发生什么困难，会得到谁的帮助。人的真诚使许多不敢想像的事情一波三折的过去了，留下一生的记忆。

我分得一套房子，两间，有个后院和一间厨房，并且坐落在平地，不用爬山。每星期六和星期一有班车接送。粮食部在两路口康宁路，美中不足的是单身宿舍在七星岗一条热闹的街上，左邻右舍都是饭馆，幺师们的高声喊叫，顾客的喧哗，从晚饭到夜宵。来往的柴油汽车上坡的声音彻夜不断，室内的板墙和地板都是臭虫的大本营，人们入睡到一定程度时，大队臭虫就爬出来。每天晚上洗脸盆里的水不敢倒掉，储存在床底下，等臭虫上来的时候，一手拿盆，一手拿扫床扫帚把成队的臭虫扫到水盆里。干完这些事，按说应该很难再入睡，然而不然。开始住七星岩宿舍时的确睡不着，过些日子也就照睡不误，原来人适应环境的能力这么强。重庆是山城，虽然有自来水的设备，但春秋冬三季多雨，惟有夏天缺雨，压力不够，水上不来。夏天往往供水时间很短，宿舍管理人照顾职工下班回来用水，在来水的时候给每个床位放一盆水，有时也会整日无水，饮用水只能从江边挑水上山，每人一盆的水自然就没有了。整个夏天只能等到周末回到郊区家属宿舍才能用大木盆洗个痛快澡。到重庆的第一个夏天，身上擦着生痱子，新的压旧的，一批接着一批。第二年的夏天，虽然环境和供水情况依旧，但已经不生痱子了。

在中央文化驿站总管理处管理人事比较简单，到粮食部的工作具体是负责绥远、宁夏、青海三省的征粮购粮事务，工作比较繁琐。我记得管收发的同事第一次拿来许多公文，我一一看过之后简直不知如何处理。譬如说，宁夏省主席给粮食部长来一件电报，内容是说，宁夏省本年度应交的征粮，已按数交齐，其征购部分请减免一半等情。部长批示："核复"。我不知道怎样核复，是可以减免，还是不允减免。我向一位胡先生请教，他告诉我，要向管理档案的人把宁夏的案卷调出来，看明白原委。认为应该如何回复，写个呈文，附在这件电报上，交给收发送给部长看。部长如果批示同意，就可以按照所提交的内容附一个电报稿连同来电交给收发。我照胡先生所说做了。从此，我在没事的时候就调取有关档案当作书来读，不但明白了粮食工作，还学会各种公文的程式。关于这些事都是过去不知道的。

胡先生和贺大哥，这二位我走入社会最初的同事，从做事和为人上都可说是我的老师。我至今不能忘记。

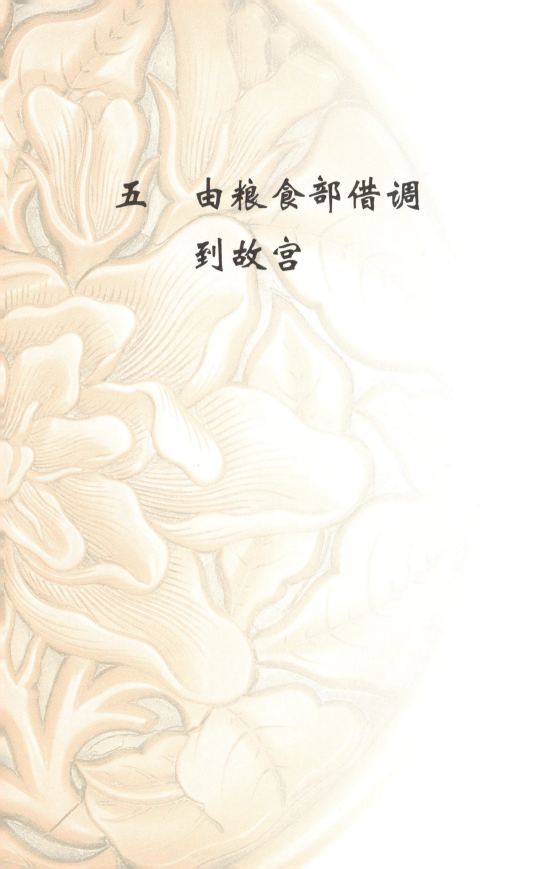

五 由粮食部借调到故宫

　　1943年，故宫博物院趁冬季雾天，没有敌机轰炸，所以把保存在贵州安顺的一部分文物，即曾在伦敦举办"中国艺术品展览"的八十三箱精品，在市区的两路口重庆中央图书馆作一次临时展览。老大哥庄尚严当时已是古物馆的科长，亲自押运文物从贵州到重庆南岸海棠溪向家坡故宫院部。我作为故宫子弟得以应召到院参加临时工作。这件事使我出乎意料的高兴。我从幼年对文物耳濡目染，到十几岁时就随着父亲每日接触金石书画，卷、轴、册怎样打开收起，铜、瓷、玉器如何拿起放下，都和生活中其他事情一样熟悉。但当作工作还是第一次，感觉到和过去参观以及在家中保存文物情况大大不同了。首先是从南岸海棠溪故宫博物院把装箱的文物装车，运到两路口中央图书馆，再一车一车地卸。卸下来穿上绳杠，两人一箱，走上若干级台阶，抬进临时的库房安顿下来。然后打扫陈列室，抬陈列柜，擦玻璃，一系列卖力气的事情做完，才能坐下来，照着目录写陈列品名卡片。打开箱子，搬出卷、册、轴陈列起来。一边工作，一边欣赏，这种享受真是无法形容。展览期过去，收、装、抬又是一个很重的体力劳动过程。这些事虽然距离现在已经数十年了，回想一下，青年时代刚刚参加工作时的思想活动还记得很清楚。

　　出了学校门所遇到的工作，我觉得根本不存在什么是熟悉的，什么是不熟悉的问题，也无所谓什么思想准备。譬如在粮食部门，一天到晚在办公室和公文打交道，有的时候还开汽车，对公文拟稿这项工作开始也是一窍不通的。在大学里读过的汉魏六朝、唐宋八大家，不论是散文，还是骈文，好像都和这项拟稿工作不发生关系。经人指点，从档案里全部了解到自己所需知道的事，使生疏的事逐渐变成熟悉的事了。

　　参加古文物展览工作，本来是自己很喜欢的，又是一项应该说是已经熟悉的事。但我所参加的整个工作过程，体力劳动要占十分之七八，这对我又是很生疏的工作。我没当过装卸工，没干过肩担运输，这次都干过了。青年时代，我一直很喜欢体育活动，踢足球、游泳、打橄榄球等，但坦率地说，我并没有体力劳动的习惯和爱好，不过遇上也觉得没有什么可怕的。这次参加文物展览，负担的体力劳动是以好胜的思想去完成的，所以不觉得苦，并且博得了院长马衡的一句话："现代的青年需要这样，粗活、细活都能干。"

　　1994年，我受国家文物局委派参加大陆文博界第一个代表团访问台北故宫博物院，才又一次与这些晋唐宋元明清的法书名画相见，而时间已经相隔了半个世纪，恍然之间不知今夕是何年。

　　抗战胜利后，我正式到故宫博物院工作。当然一切条件、环境和抗战时期的四川不同了，但对熟悉的文物工作还是有不少生疏感。我在参加提集、编目、陈列、库房整理等工作时，未曾见过的文物太多了，而且都要把它们从生疏变成熟悉。我觉得即使已经熟悉的事物，只要深入研究，对它的认识肯定就会有变化，何况自己不知道的事物每日层出不穷。也可以说，从青年到老年一直是这样的。

六　我和故宫的
最初接触

　　故宫博物院成立，我父亲即被聘为专门委员，专司书画鉴定之职。我的大哥家济继承家学最优，也从父亲参加故宫工作（图三四）。所以，我与故宫博物院的渊源，是从其成立之初开始的（图三五、三六）。当时我还只是个十二岁的孩子，随着父母、哥哥、姐姐去逛故

三四　父亲和他的朋友们。从左至右依次为周叔廉、郭葆昌、
　　　张允亮、邵幼实、父亲及大哥家济。

三五　1925 年 10 月 10 日下午，故宫博物院在乾清宫举行了开
　　　幕典礼，正式向公众开放。北京城万人空巷，人们竞相
　　　涌入，渴望了解神秘的皇家宫廷生活。

宫，票价银圆一元，是按颐和园票价先例定的。当时的宫内保持着
溥仪出宫时的原状：寝宫里，桌上有咬过一口的苹果和掀着盖的饼
干匣子；墙上挂的月份牌，仍然是屋主人走的那一天；床上的被褥、
枕头也像随手抓乱还没整理的样子；条案两头陈设的瓷果盘里满满
的堆着干皱的木瓜、佛手；瓶花和盆花仍摆在原处，都已枯萎；廊
檐上，层层叠叠的花盆里都是垂着头的干菊花。许多屋宇都只能隔
着玻璃往里看。窗台上摆满了外国玩具，一尺多高的瓷人，有高贵
的妇人，有拿着望远镜、带着指挥刀的军官，还有猎人等等。桌上
有各式大座钟和金枝、翠叶、宝石果的盆景。洋式木器和中式古代
木器掺杂在一起，洋式铁床在前窗下，落地罩木炕靠着后檐墙。古
铜器的旁边摆着大喇叭式的留声机，宝座左右放着男女自行车，还
有一间屋内摆着一只和床差不多高的大靴子。小孩子不懂什么，但
也知道这里原来是皇宫，过去老百姓是不能进来的，今天不但进来

三六　故宫内护军警察解散后，陆军第十一师四十
三团一营四连奉命移驻神武门内。

　　而且每个院落都走遍了，实在是件了不起的事。

　　几年之后，又来过故宫一次，是张作霖在北京任大元帅的时候，我记得还买到了故宫编印的《掌故丛编》（图三七）。当时我已经是中学生，能够阅读这样的期刊了。其中，有"圣祖谕旨"一栏目，内容都是康熙亲征噶尔丹时期从漠北寄回北京的谕旨，这使我第一次知道皇帝的谕旨中也有生动的家常白话，也第一次体会到优秀的中国皇帝应该是什么样子。譬如我印象最深的是："朕将近到可鲁伦河，一路都是当日喀尔喀所居之地，水草亦好。至今犹有冰雪，寒

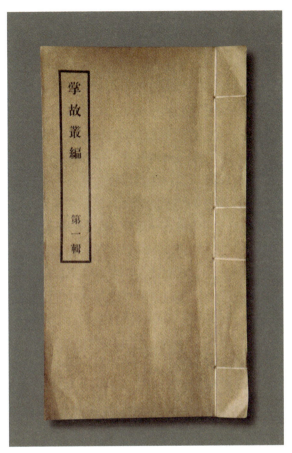

三七　故宫博物院
　　　编印的《掌
　　　故丛编》

冷非常，不生青草。地势山川与内地大不相同。出喀伦三十里，道旁山顶之上有永乐北征御制铭，云：翰海为镡，天山为锷，一扫胡尘，永清沙漠。维永乐八年岁次庚寅四月丁酉朔十六日壬子大明皇帝征讨胡寇将六军过此擒胡山灵济泉。字画真楷，石白如玉，乃山上生成之石，非人力所立也。朕过此四月十四日特谕。"

　　按：无数次听父亲背诵过"翰海为镡，天山为锷，一扫胡尘，永清沙漠"这四句铭文，不仅感觉到一个十二岁少年所受到的震撼，同时也体会到影响了父亲一生的历史观正是由此而生。能够凝聚人心的中华民族的精神，远远超越了皇帝本人的民族出身，超越了时间、阅历、文化的种种不同，像饱满的种子植入了许多人的心中。有时是皇帝，有时是一个孩子。

　　"胡尘"所指，不是一个具体的民族，而是分裂中华民族大家庭的少数势力。永乐、康熙两个皇帝得到了最多、最广泛的推崇，正是由于他们能够正确选择中华民族的大方向。

　　北伐以后、抗日战争以前的数年之内，故宫博物院有了变化，我这个参观者的文化程度也比过去提高了一点，对于陈列的文物开始喜欢看了。故宫博物院的票价由一元降到五角，轮流开放内东路、外东路，但中路则每日都开放。钟粹宫开辟为书画陈列室，还有景阳宫瓷器陈列室、景仁宫铜器陈列室、承乾宫珐琅彩瓷器陈列室、咸福宫乾隆御赏物陈列室以及其他一些陈列室。从这个时期开始，故宫博物院有了内部优待赠券。我的哥哥朱家济和庄尚严、傅振伦、张庭济等一些北大毕业生都来到故宫工作。我的父亲是故宫博物院的专门委员，所以我有赠券，可以常来故宫。当时最吸引我的是钟粹宫陈列的书画，那时每月更换陈列品两次。当时专门委员会每周开鉴定会，每星期一故宫博物院派人送一份审查书画碑帖的目录给我的父亲，这等于给我一个预习的机会。父亲每次开审查会回来，对着目录告诉我，某件真，某件假，某件真而不精，某件假但笔墨还好，某件题跋真而本幅假，某件本幅真而某人题跋假等等审查意见。我的哥哥朱家济和杨宗荣两人是专管钟粹宫书画陈列室的工作人员，每次更换陈列品，哥哥总先告诉我，这次更换的有哪些名画。因为有这些机缘，所以故宫当时所展出的《石渠宝笈》著录的精品，我都有幸观赏过。这一时期故宫博物院编印发行的《故宫周刊》、《故宫》（月刊），还有许多单行本影印的法书名画等，都是我非常感兴趣的读物。

　　抗战胜利后回到北平，马衡院长派我在古物馆工作。从此，我就不再是参观者了。

七　正式到故宮
工作

抗日战争胜利后，我从四川回到北平故宫博物院。当时我的工作是在延禧宫库房整理编目，有时也到北五所库房。这座库除庋藏柜内分类收贮文物以外，还有一所房子堆积着若干大木板箱，贴着法院封条，这是所谓"易培基盗宝案"的物证。这若干箱中一部分是青铜器，一部分是书画，据说都是易培基以假换真，把真的盗走，另外仿制顶号充数的。所谓"易培基盗宝案"，本是莫须有的冤案，法院封存物品，实际是不同派系的暗斗。因为法院已经受理几年，证据不足，不能构成犯罪，于是由法院请专家鉴别故宫博物院藏品中有没有假文物。这一种分析逻辑的前提是认为故宫藏品根本不存在假的，所以如果发现假的，那么当然就是易培基替换过的。故宫博物院当时直属国民政府，博物院的最高权力机构是理事会，另外有专门委员会负责鉴定文物。但法院不用专门委员会委员来鉴定，另请一位画家黄宾虹鉴定书画。至于青铜器，则不记得请的是谁了。黄宾虹先生并不是以证人的身份直接认定某物是否是被易培基替换的，法院委托他的任务是鉴定故宫藏品中是否有假的。如果有假的，就封存起来，而法院即以这批东西作为易培基盗宝的物证。

自从易培基被以"莫须有"的罪名去职以后，便由马衡先生继任院长。

1.马衡先生二三事

马衡先生是著名的金石学家，来故宫工作以前是北京大学的教授，国学门研究所的导师。故宫博物院成立后，曾任故宫博物院理事会理事兼古物馆馆长。后来，又兼任文物整理委员会主任委员。1952年"三反"运动以后，专任文物整理委员会的主任委员，不再兼任故宫博物院院长的工作。那几年，马先生领导故宫博物院的工作，有几桩事我印象很深，现在记述如下：

（1）接收古物陈列所

当时紫禁城外朝部分属于古物陈列所，内廷部分属于故宫博物院，前后不相通。抗战胜利以后，是马先生多方面呼吁，在南京开会时屡次提出合并的主张，几经催促，到1947年才成为事实。当时马先生把两个单位的人员组成一个办事组，按件点收，午门、神武门、东华门、西华门同时售票，令参观的人都感到极为方便。后又对原古物陈列所的陈列室进行了一系列的调整。武英殿前殿原来大部分是瓷器，有少数陈列柜中为其他物品，于是撤掉少数物品，补充瓷器，使武英殿前殿成为完整的"宋元明清瓷器陈列室"，并增加总说明的牌子（此前没有这个设施）。后殿改为按柜分类，包括玉器、漆器、珐琅器、铜镀金器、匏器、缂绣等工艺美术的综合陈列室。撤收不经之谈的所谓香妃浴室。太和殿原来是不用陈列柜的大综合陈列，也都撤去。马先生提出太和殿恢复历史面貌的主张，撤掉袁世凯的宝座。但在紫禁城内还存在不存在太和殿原来的宝座，还是个问题。藏品中宝座很多，但试陈几次都看着不协调，等于是一个悬案。一直到吴仲超院长领导工作，把这个问题作为一项专题研究，才彻底解决了。

（2）征集采访工作的开始

故宫博物院原来只是保管陈列清代皇宫原存物品，除购买新莽权衡以外，没有征集过其他文物。抗战胜利后，马先生回到北平领导故宫工作，由王世襄经手接收了三项文物。一项是郭觯斋的藏瓷，这里面的仿古铜彩牺耳尊，是一件有名的珍品，下面紫檀座由雕成的四个儿童组成，各自以不同的姿势用力抬着牺耳尊，形象生动，是造办处的精品。这类器物都是地道的宫中旧藏，是后来流散出去的。一项是天津张园溥仪住宅的物品，其中赵子昂的《秋郊饮马图卷》是一件珍品。绢本设色，款署皇庆元年十一月子昂，钤赵氏子昂印，《石渠宝笈》著录，钤乾隆御览之宝、养心殿鉴藏玺。此卷后来存贮在东陵（见《燕京学报》刊载的《守陵密记》。清咸丰时大学士柏俊，在总管内务府大臣任内，曾一度守护东陵）。孙殿英盗陵案发生后，当时住在天津张园的溥仪，派原内务府大臣宝熙、耆龄去东陵料理。最后把东陵行宫内残余的珍贵物品包括《秋郊饮马图》卷，都送到了天津张园。伪满时期，此卷仍在张园，由溥修保管。抗战胜利后，盟军接管溥仪的张园住宅，最后由美国柯克上校负责将文物交还故宫。还有一项是杨宁史所藏青铜器，虽然和故宫没有什么渊源，但商、周、战国时期的青铜器，都是有价值的历史文物。除此三项接收文物之外，还有两项收购的文物，以及唐写本《切韵》和南宋宝庆刊本《四明志》的七、八卷。唐写本《切韵》在《石渠宝笈初编》著录，旧题"唐女仙吴彩鸾书唐韵"，原贮御书房。素笺本，楷书并注，无款，姓名见跋中。凡二十四幅，俱正背两面书。第一幅只书一面，幅后有明宋濂跋。鱼鳞装，又叫旋风叶，这种方法装裱的图书传世只此一件。此种装裱方法，大概是书籍由卷变册的开始，后来又变为蝶装，再后就是线装书。南宋宝庆刊本《四明志》，宝庆三年，知庆元府胡榘主修，绍定元年罗濬编成，刻板两年。此书一直增补到成印年代即咸淳八年。宋刊宋印的地方志传世已很少，也是宁波地方最古最完备的志书，《天禄琳琅续编》著录，每册钤"天禄继鉴"、"乾隆御览之宝"、"八徵耄念之宝"诸玺。原贮昭仁殿，同治十二年昭仁殿藏书有一部分交武英殿修书处装订，包括此书在内。光绪二十七年武英殿火灾，有些书流失在外。故宫博物院成立后，在工作中即发现宋刊本《四明志》缺七、八两卷。1946年，古物馆馆长徐森玉（鸿宝）先生发现杭州王氏在上海出售家藏书中有宋本《四明志》的七、八两卷，正是院藏《四明志》所缺的一册。徐馆长立刻给马先生写信，马先生回信说不计价钱，赶紧买到手。于是这部宋刊本的《四明志》，散而复聚。以上征集的文物数量并不太多，但故宫博物院的征集工作是从抗战后马先生领导故宫开始的。

（3）1949年前夕保护文物的措施

1949年前，故宫博物院分为三馆一处，即古物馆、文献馆、图书馆和总务处。各馆、处下设科室。我初到故宫工作时各馆处的领导人员是：古物馆馆长徐鸿宝、文献馆馆长沈兼士、图书馆馆长袁同礼、总务处处长张庭济。北平解放前夕，有一次马先生召集院务会议。正值徐馆长在上海，由我代表古物馆出席。沈馆长逝世不久，南京新派的姚从吾尚未到任，由单士魁、张德泽代表文献馆出席。此外，就是应该出席的袁同礼、张庭济和秘书赵席慈。在那次会议上，马先生宣布："行政院有指令，要故宫把珍品选择空运南京，当然空运重量、体积都有限得很，所以要精选。"袁同礼说："四库全书和天禄琳琅本来就在南京，此地书库宋元本少得很，共装一箱就够了。"马先生说："图书馆很简单，文献馆的档案怎么样？"单士魁说："档案无所谓珍品，应该说选择重要的，可是重要的太多了。如果再重要中再选更重要的，势必弄得成案谕折离群，有时附片比折本身更重要。档案装箱很容易，可是选择太难了，实在无法下手。"马先生想了一想说："好像行政院意在古物，所以文献馆我看不装了吧！"单、张二位都笑了，说："好极了，那我们省事了！"马先生接着说："看起来，古物馆是要费事的。先把精品选出来，造清册，交总务处报院，这个工作要求快。至于包装，一定要细致谨慎，古物馆的藏品都很娇嫩，你们都是有经验的，只要求稳重妥当，要保证不损坏，不要求快，记住！不要求快。先准备板箱、木丝、棉花、纸等，用多少做个计划交总务处购置。"这个会散了以后，我和当时古物馆管理延禧宫库的杨宗荣、汤有恩，还有古物馆编纂李鸿庆共同商量了一下。我把会上马先生的原话告诉了他们。我分析马先生的原话，不像真心要空运古物，因为我想起前几天，文献馆新来的吴相湘，曾向马先生请求调南京分院工作，马先生没有答应，后来他就不辞而别乘飞机走了。马先生知道以后，曾说："这种人，真没出息。"我想马先生如果真心要空运古物，那就说明他自己也打着走的主意，那么就必然会同情吴相湘的走。既然骂他走是没出息，那么他自己一定是不打算走。所以他说选精品，造清册，报出去要快，可是包装古物不要快，又重复一句，记住！这不是很明白了么。他们三人也同意这个看法。杨宗荣说："过几天看他催不催，这也是测验他真装假装的尺度。"于是我们一面选，一面造册。其实，如果要真的包装，我们很快就能完成。因为板箱、棉花、木丝，在延禧宫库都有现成的，我们选的同时就可以装箱。当我们打开绘画庋藏柜，挑选精品时，看到韩滉《文苑图》。杨宗荣说："这本唐宋元明集锦册，那年南迁装走了九开，这一开正在照相室，就无意中留下了，这回就看它的命运吧！"说着也就写上这个品名了。这项造册工作很快就完成交出。日子一天一天过去了，马先生没有催，国内大形势一天一天地变化。有一天，院长室的尚增祺告诉我："今天袁馆长（指袁同礼）来电话，问古物装箱的事，我听院长回他说，星期五装不完，你要星期五走，就先走吧，总之要派专人押运的。"我听了尚增祺的话，立刻到延禧宫告诉杨宗荣、李鸿庆。我们是这样分析的：马先生自从把清册寄南京以后，对于古物装箱的事，不但没催，连问也没问过，他怎么能知道星期五装不完呢？从这句话就可以判断，他真心是不打算空运古物，才这样敷衍袁同礼的。过了星期五，我们知道袁同礼已经飞走了，马先生还是不问不催。又过了两天，王府井南口戒严，断绝交通，听说要使用东西长安街作机场跑道，准备在城内起飞和降落。这件事吵嚷了几天，没见实行，航线便停了。后来，北平和平解放了，我问马先生，是不是一开始就不打算装运古物？马先生连吸几口雪茄烟，闭着嘴从鼻孔冒烟，不说话，这是他经常表现的神情。等烟冒完了，才慢慢说："我们彼此算是'会心不远'吧！"

（4）古物北返

日军占领东北三省以后，故宫博物院曾有部分古物南迁。这些古物先存放在上海。南京分院建成后又迁到南京。全面抗战开始以后，这批古物一部分运往四川乐山、峨眉；一部分运往贵州安顺。抗战胜利以后集中在重庆，由重庆迁回南京。当时马先生极力主张及时从海路运回北平故宫（当时津浦路不通），但由于种种因素未能实现。一直到1949年后，由故宫博物院派员参加中央人民政府组成的南下接收工作团，才把被国民党运往台湾后所剩余的文物，选择其中主要有关宫廷原状陈设品，如乾清宫金漆宝座、"正大光明"匾额以及部分文物精品，分批运回北京。当时故宫工作人员全体出动，一次一次的上车站，接运装车，卸车进库，十分繁忙。古物北返后，故宫明显的改变是恢复了乾清宫和西六宫的原状陈列。在南迁期间二十年里，乾清宫连屏风、宝座、匾联都没有，西六宫也是空的。陈列恢复后，观众和本院职工都觉得如见故人。马先生对古物南迁这桩事认为："当时为了抗战，把古物南迁，这个措施是正确的，除了日本在占领期间搜刮了一些铁缸之外，故宫并无其他损失。但在事先怎能这样预料呢？遗憾的是古物没有全部北返，一部分被运到台湾，长此以往，故宫藏品分居两地，是可叹的事！"我们知道，一部分古物运往台湾，马先生是阻止不了的，这和解放前夕，拖延空运的环境条件不同。

（5）清理"易培基盗宝案"的物证

当初，法院接受检举易培基"盗宝"案以后，组织调查，请专家检查故宫藏品有没有假古物？如果有，那么可能就是易培基把真的拿走了，另把假的放在故宫抵充。这个逻辑的前提是故宫的东西都是真的，只要发现假的，就可能是易培基"盗宝"了。实际上，故宫的东西都是真的这个前提本身就是错误的，根据这个错误前提推断的结论也不能不错。主要原因是这个案件的背后有派系斗争，而斗争失败的一方是易培基。法院的形式逻辑推论当然还不足以给易培基判刑，但也无法宣布他无罪，于是就成悬案。这一大批封存的东西，大多数是假古董，这是事实，其中有大名头的假字画、翻砂的假青铜器。当时法院请的专家只负责看东西真假，并不负责判断这些假东西的来源。

1949 年春天，故宫博物院古物馆馆长徐森玉先生长期在上海，我当时的职称是编纂，马衡院长派我代理主持馆务，我就向马院长建议撕掉封条，开箱看看究竟是些什么样的东西。于是全部开了箱，一箱一箱的逐件看过，绝大部分都是一望而知的假东西，无需专家鉴定，而且大凡本院的工作人员都能辨认出这些东西地地道道是故宫原藏品，绝不是从外边拿来抵换的。本来故宫藏品是接收清代皇宫的原存物，什么东西都有。这些大名头的假字画、假铜器都是清代后期历年万寿节，各方面送的贡品。大凡贡品不外各地特产，包括食物、衣料、用具、陈设、家具等等，或新奇物品以及洋货。但在贡单上也要点缀风雅，于是不得不有古董字画。别的东西都可以要求货真价实，惟独古董字画在市场上向来是假的远比真的多。办贡的人又不是鉴定家，而西太后那样的人根本也不欣赏古玩，在贡品中并不占重要地位，真假都无所谓，收下一入库，经手的太监照常规拴上黄条，记上年月日交来某某一件，编号入账便算了事。这就是故宫所藏假古董字画的来源。开箱这个行动，却起到给易培基分清是非的作用。

我前面提到前法院封存的古物大多数是假的，但其中还有少数是真的，例如宋徽宗《听琴图》（图三八）、马麟《层叠冰绡图》（图三九），不仅真，而且都是珍品，也被当作假东西封存起来。开箱后立即在钟粹宫绘画陈列室（当时尚未开辟绘画馆）成为主要展品。

抗战胜利后到解放初期，在马先生领导下，故宫还有几项前所未有的大型陈列。例如伟大祖国艺术展览、中国艺术赴苏展览、清代戏曲史料展览、美帝侵华史料展览、清代纺织品展览等，并在慈宁宫开辟了陶瓷馆，这是故宫举办大型专馆的开始。

我是 1946 年正式到故宫工作的，所以只能记述这一期间的事，但我见到马先生却不是从 1946 年开始。在我上中学的时期，马先生到我家拜访我的父亲，那是我和马先生最初的见面。故宫博物院成立后即设有专门委员会，聘请我父亲为专门委员，但迟迟没有去。有一次是马先生亲自来约请父亲到古物馆审定书画，于是我父亲和马先生一起去了。此后又连续每个星期亲自送审查书画目录，我父亲再三劝阻，才改为常规，让通信员送目录。这是我最初对马先生的印象。后来，抗战期间我到四川，在粮食部做一般工作。那时故宫博物院设在重庆南岸海棠溪，马先生就住在院里，正准备在中央图书馆办一次展览。有一天，我去看他，马先生说："你来帮忙吧。"我很高兴地答应下来。到了展览期间，我和王世襄一起都在展览会工作。那一次，马先生留给我更深的印象，我觉得马先生对于所属工作人员，一点也不像长官对属员，就像学生跟老师念书的滋味一样。后来我到北平，正式在故宫博物院工作，七八年的光景，也还是给我这样的印象。

2. 回忆陈垣先生

陈垣先生字援庵，是我在辅仁大学念书时拜识的老师，我知道他是故宫博物院理事兼图书馆馆长（图四〇）。1946 年，我到故宫博

三八 宋徽宗《听琴图》

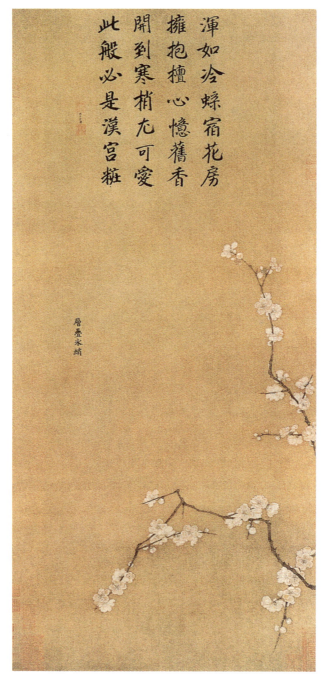

渾如冷蝶宿花房
擁抱檀心憶舊香
開到寒梢尤可愛
此般必是漢宮粧

層叠冰綃

三九　宋馬麟《層叠冰綃图》

四〇　陈垣先生

物院工作时，他已只是理事不兼图书馆馆长了。下面我写的关于援庵老师在故宫的情况都是后来听老师说的。

　　故宫博物院开创时期图书馆下设两部，即图书部和文献部。以寿安宫为图书馆馆址就是援庵先生选定的，因为这座宫殿周围的楼房相连数十楹，干燥通风宜于藏书。当时《四库全书》收贮在文渊阁，"天禄琳琅"的宋金元明版书收贮在昭仁殿，《宛委别藏》收贮在养心殿，《四库荟要》收贮在螭藻堂等。援庵先生主张这些书应在历史上原藏地点保管，而把分散的书集中在寿安宫书库。张允亮先生编的《故宫善本书目》，陶湘先生编的《故宫殿本书库现存目》，何澄一先生编的《故宫普通书目》，一直都是公认有价值的书目。文献

四一　沈兼士先生

部在1927年出版了《掌故丛编》，一至四期是许宝蘅先生主编的，这是故宫博物院编印的一种期刊。援庵先生主张赶快公布档案史料，供学术界研究，就从《掌故丛编》开始，后来改称《文献丛编》。还编印一种《史料旬刊》。援庵先生认为，公布档案史料不必耽搁时间，搜寻某一历史事件的全部档案，根据档案原来次序发排，十天出版一册。如果原来档案不缺的话，将来总会出齐的。采用线装，可以让不同读者根据不同需要拆散重装。学术界需要故宫博物院加速公布资料，故宫的工作人员近水楼台利用资料写出有价值的文章，当然会受到社会上的欢迎，但更迫切需要的是前者。

　　图书馆的文献部，后来脱离图书馆，成立文献馆，由北京大学教授、故宫博物院理事沈兼士先生兼任馆长（图四一）。沈先生是古文字学家，章太炎先生的学生，在北京大学国文系讲文字学。他自清室善后委员会时期即开始参加点查工作，故宫博物院成立聘为理事，同时仍为北京大学教授，辅仁大学文学院院长。我在辅仁大学国文系读书时，即感觉到沈先生不仅在课堂上讲授和课下指导学生读书，而且最善于领导组织研究生和高年级学生合力进行编纂工作。如果一部大书未编完，毕业班学生离校，下一个班接着编。我在三四年级的时候就参加了沈先生主编的《广韵声系》的编纂工作。沈先生虽不是专门研究历史的，但在担任文献馆馆长时，充分发挥他科学的治学方法，领导、组织文献馆的工作人员整理档案，出版《文献论丛》，为院内工作人员和院外史学家提供园地发表论著，对于故宫博物院的发展做出了很大贡献。沈先生和陈垣先生的思想是一致的，继续坚持十天出版一册《史料旬刊》。抗日战争时期，古物南迁，也包括历史档案，他们预料到这个旬刊将要中断。为了加紧出版旬刊，必须缩短周期。在沈先生的领导下，节省了档案抄录过程，直接由排字工人看档案原件排字，为了保证档案原件的完整与清洁，即不能有半点损坏与沾污，就派馆员手持档案原件站在排字工人身旁，供排字工人排字，同时馆员负有校对责任。故宫博物院的研究员、全国政协委员单士元先生当年就曾参加过这项工作。沈兼士先生在抗日战争初期还留在北平，后来日本占领军要逮捕他，于是化妆离开沦陷区。抗战胜利后，仍任北大教授兼故宫博物院文献馆馆长，于1948年逝世。

3. 从编纂到副研究员

抗日战争胜利后，我从四川回到北平。这时候我已经向粮食部辞职，接受故宫博物院的聘书，到故宫上班，职称为编纂。同时任编纂的还有单士元、张允亮在图书馆，单士魁、张德泽在文献馆，王世襄和我在古物馆。当时故宫的三馆一处，分别由徐鸿宝先生任古物馆馆长，沈兼士先生任文献馆馆长，袁同礼先生任图书馆馆长，张庭济先生任总务处处长。三馆各自有一定程度的独立性，各自有出版物。这些工作当然首先是编纂的任务，但当时还处于胜利后的复员时期，原来中断的《故宫周刊》、《故宫月刊》没有复刊，只出版过《唐人写本切韵卷》、《法书大观》等少数单行本刊物。某项陈列工作布置完毕开放以后无需经常投入人力，因此我每天经常性的工作是在延禧宫库房或北五所库房编各类文物的详细目录。当时，另一项是宫殿原藏物品的提集工作。还有一大项突击性的工作，即配合全国戏曲工作者会议由故宫举办清代戏曲史料展览，包括戏曲服饰、剧本、档案等一切与演出有关的物品，并在阅是楼畅音阁按照清代内廷演戏的实际要求布置内景。展览的依据除相关档案以外，还专门访问了当年曾在畅音阁戏台上演过戏的王瑶卿等老演员，曾经被赏听戏的载涛等人，曾经在这里伺候过太后和皇帝听戏的耿进喜等太监。这种类型的展览在故宫博物院还是第一次举办。

陈列工作的第三项是清代纺织品展览，这在故宫也是首次。第四项是伟大祖国艺术展览，主办是文物局，具体主持工作是当时的局长郑振铎，故宫博物院只是承办单位，所以最繁重的展览事务都集中在陈列组。第五项是成立陶瓷馆，由陈万里主办，我们陈列组是承办单位，地点在慈宁宫。

此外，还有一项突击任务并非陈列工作，但马院长派了我，就是为上级部门提供清代政府接待班禅额尔德尼的一切资料。

按：从事藏学研究的人都读过父亲五十年代发表在《文物参考资料》（即《文物》月刊的前身）的一篇文章，题目是《故宫所藏明清两代有关西藏的文物》。列举了永乐八年颁赐西藏的敕书，永乐十二年赐给班禅，乾隆四十五年又由班禅进贡的法器等，说明西藏自元代以来就作为一级地方政府接受中央政府管理。

1951年11月，故宫博物院停止工作，进入全院学习阶段，"三反"运动开始。

1952年2月26日，范长江来院，在神武门楼作动员报告，宣布故宫博物院全体职工和警卫一律不准回家，分成两个队。在神武门广场集合，事先已经准备若干辆卡车，由公安人员点名押送上车。一队开往白云观附近的公安学校，一队开往东岳庙的公安学校。我被分配在白云观的公安学校。校舍是新建的平房，每小组八人住一间宿舍，上下铺的床。每个人交待自己的历史，交待有无"三反"问题。因故宫古物馆馆长徐森玉先生在上海，马院长曾派我主持古物馆的事，所以我在运动中被列为重点斗争对象。又因为抗战时期在重庆曾加入过国民党，运动进行到五月底，大多数人都作了结论释放，只剩下我们极少数没作结论。白云观这部分结束，剩下的移送到东岳庙。"三反"工作队的副大队长名叫黎明，下边有一位中队长叫王华彬，王华彬负责我的专案。在白云观临走前，她与我最后一次谈话。她说："我的意见，你已经交代清楚，没什么问题，可以给你作结论。但黎明同志不同意，并且批判我右倾，现在你的专案已经不归我管，由黎明自己管。"

从此，我又到东岳庙。住的是鲁班殿，殿内神像当然已经没有了，院里还有很多碑。我看了一遍，年代最早的一座碑是明宣德年立，碑文内容是北京城九门建造九门瓮城竣工答谢神灵保佑，碑阴刻的是立碑人，都是五行八作的工匠和捐钱的数目。年代最晚的一座碑是清光绪二十八年立，碑文内容是为德国公使克林德在东单牌楼建造石坊的事。这个院里所有碑文内容是明清两代历年北京各种大建筑完工谢神的事，每座碑阴所刻立碑捐钱的五行八作工匠名字下面的住址，大多数集中在朝阳门关厢和南北小街。从中可以看出，数百年来工人家庭的居住条件多么稳定。

在殿内住的是一个组，有汤有恩、冯华和我。

冯华先生，1930年入故宫博物院古物馆，即参加编辑《故宫周刊》、《故宫月刊》和《故宫书画集》四十四册，后来又增加《故宫日历》每年一本，每页有一张古画，是完全由他主编的，共出版了五本。另有当时印行的介绍法书名画的单行本的说明文字，也俱出自冯华之手。在业余时间，他还先后担任了《国民日报》副刊和《古剧周刊》的主编，又为美国收藏家福开森编写收藏书画目录和提要。中华人民共和国成立之后，故宫博物院改组，冯先生在保管部绘画组负责书画编目的工作。冯先生在古物馆工作的初期（1930年至1932年）正值故宫博物院专门委员会每周审查书画，他作为职员中的青年人，负责为专门委员收展卷册，摘挂立轴，得以眼见历代实物，耳听专家谈论，加上那时钟粹宫的书画陈列室经常更换陈列，这些都为冯华先生提供了最难得也最受益的学习和实践机会。冯华先生对古代书画的熟悉程度真可称为是一部活的书画目录。

按：关于冯先生对于古代书画的熟悉程度，父亲讲过一件事，在东岳庙期间，要求所有的人都要"交代"自己从故宫偷了什么，没有可交代的就被称作"拒不交代"。父亲认为，没干过的事没办法承认，再说，光承认偷，交不出实物也是枉然。冯华先生因为曾经给美国收藏家福开森编过收藏目录，问下落，可以说让福开森带到美国去了，所以动员会后交上一份挺有模样的材料，是一些明清的小名头，谁知没通过，只得又加上些大家的名字。组织上却说，看你，挤牙膏一样费劲，是不是不明白党的政策呀，所以又加上宋元的，还不满意，索性晋唐宋元明清全都上，不仅故宫的，凡是知道的、听说的都写，俨然就是一部"中国古代美术史"。

　　汤有恩、冯华两位当时都在古物馆已经干了很多年。在运动中凡重点被批斗的人，被称为"老虎"。在已经被解放的人员队伍中，由工作组选拔若干积极分子来帮助"老虎"，称"打虎将"，又称"武松"。我和冯、汤两位都在"老虎"之列。我们组还有李润德，是工会干部，裴永绪、桂玉铎是警卫队员，这三位属于武松。他们都了解我并非盗窃文物的人，因此除在会上说几句运动中应该说、必须说的话之外，在日常生活中丝毫不起武松对老虎的作用。在端阳节前后的日子，他们上街回来总给我带"串儿粽子"，这是东岳庙门外神路街的一种著名的食品。端阳节过去之后，工作队在正殿开全体大会，当场宣布逮捕李鸿庆，大家喊口号，有几个持枪的战士押送出去。又过了几天，工作人员对我们宣布这里的工作结束，但我们这些人仍然未作结论，暂且回家，听候通知。1952年7月，我们这些未作结论的人，我、王世襄、李鸿庆、杨宗荣、赵启顺、曾广龄、崔仪、赵广元等同时被关进看守所，除每日轻微的劳动之外，并没有斗争批判等等运动的形式，大概就是等候深入调查吧。一年又十个月，到1954年4月1日，管理人员宣布释放回家，发一张证明可以向派出所报户口，向劳动局请求分配工作。我曾接到一个通知到二机部报到，但我到二机部，门卫不许我进入，只好回家再等。后来又接到一个通知到航空学院报到，我因工作不对路没有去。前后两个通知都是劳动局发出的，最后到1956年7月我接到故宫博物院人事处的通知，即日起仍在陈列部工作，职称仍为副研究员，这才恢复正常工作。

按：直到"文化大革命"开始，出现揭发"吴仲超重用封建余孽朱家溍"的大字报，父亲才知道自己能够回到故宫，全凭从未谋面的吴院长的不懈努力。

回忆在看守所一年又十个月的时间我还没有白过，也有三点小收获。其一是在劳动之余，允许向图书室借书看，起初是借小说，包括翻译前苏联小说，例如《战争与和平》、《复活》等等，但很快就把这些小说看完了。我发现架上有二十多本精装的《马恩全集》，于是我看完一本续借一本，精读了一遍。如果不是被关起来，我想不会通读这部书的。其二，同房间有一位人民大学教俄文的老师，是新疆的维吾尔族人，汉语说得很流利，曾经在苏联留学，我向他要求学俄语。他同意了。我立刻写信，让家里给我买中央人民广播电台发行的广播俄语课本上下两册，向他认真学了这两本书。我想如果在博物馆岗位上，像1949年到1951年那样紧张的工作是不会有时间学俄语的。其三，十多个人一间屋，休息时永远是人声嘈杂，但我已经习惯，就像听不见一样。所以我恢复自由以后仍然可以不拘环境清静与否，在人声嘈杂的地方也可以照常写一篇急需的约稿，这都是我的收获。

按：父亲的这一特点是很多人熟知的，用他自己的话形容是"除非你把我揪起来"，用母亲的话说是"跟他说话不过火"，都是充耳不闻的意思。突出的例子是母亲生我是剖腹产，当时兼任梅兰芳先生秘书工作的父亲，在产房外等待的同时，还在为梅兰芳先生写一篇出国用的发言稿。

4. 和吴仲超院长共事的日子

吴仲超院长是1954年到任，我和他没见过面。当1956年我回到故宫第一次见面长谈了一小时，使我觉得有知己之感。当时故宫有新成立的绘画馆，新改陈的陶瓷馆，还有个临时的敦煌艺术展览，相当丰富。当时吴院长说："文物的分类陈列当然也不可以简单从事，不过还有道可循，我发愁的是大面积宫殿的室内状况，中路三大殿空空落落，历史上究竟应当是什么样子，内廷部分乾清宫正殿在'三反'前已经把南迁北返原有陈设品按原来遗留下来的位置陈设起来，这一处算是没有问题。坤宁宫呢？怎么办？尤其西六宫，现在展示给观众的，是既没有历史意义也没有艺术价值的面貌。还有最重要的是，观众参观故宫常常问皇帝住在哪里？故宫的工作人员必然答复住在养心殿，但当时养心殿不开放。当然养心殿如果不经全面研究、整理是无法开放的，我想养心殿和西六宫的室内陈设能不能展示乾隆时代的面貌，这个任务交给你。"

这是吴院长交给我的第一项任务，于是我作了各殿的陈设计划。

各宫殿室内的陈设状况，各自有不同的历史时期的上限，包括建造年代和使用的情况。这些宫殿内部状况是历年积累下来的，它们有一个共同的下限——就是 1924 年，也就是溥仪出宫时的原状。这个原状最完整的文字资料是每座宫殿点查的详细记录，即《故宫物品点查报告》一书。这是必须参考的重要资料之一。故宫所保存的清代档案中内务府广储司有各宫殿的陈设档，是更重要的参考资料。吴院长提出，是否可能在储秀宫、长春宫等处室内陈设展示乾隆年间的状况。经过研究是不可能的，因为东、西六宫建筑规格是一样的，每宫有宫门，前正殿内部都是上有彩画天花板、银朱油木板墙，中设宝座，是为升座受礼的地方，不是作寝宫使用。寝宫在后殿。然而储秀宫、长春宫则已拆掉了储秀门、长春门，各改建为体元殿、体和殿，把储秀宫、长春宫的前正殿改为寝宫形式，门窗和室内装修都改为寝宫式。从"奏销档"中得知，改造是光绪九年为慈禧太后五旬万寿进行的。当时正是慈禧太后以储秀宫、长春宫为寝宫的时期，这两宫的历史面貌上限只能是光绪九年。虽然保存有乾隆年间孝贤纯皇后居住储秀宫时期的陈设档，但建筑格局完全变了，无法按档案恢复乾隆时的原状。其次是按照光绪年间的陈设档进行布置，和建筑格局条件是完全符合的。再其次是按照《故宫物品点查报告》恢复 1924 年溥仪出宫时现场原状，也就是当时溥仪的皇后婉容居住储秀宫，淑妃文绣居住长春宫时期的原状。吴院长同意按照光绪年间陈设档进行布置。翊坤宫、体元殿、太极殿，因上限相同，也一并进行。至于养心殿虽然建造年代很早，顺治年间曾经是皇帝的寝宫，但是一切条件决定这里原状的上限应该是雍正年间。正殿明间墙上有雍正、乾隆、嘉庆、道光、咸丰五朝的御笔，屏风、宝座、御案和其他陈设品经与养心殿历年陈设档核对，说明正殿陈设状况自雍正时期至清代末年始终没有什么变动。养心殿西暖阁原状的上限也是始自雍正时期。三希堂、长春书屋这两处的原状上限是乾隆朝，与历年陈设档核对，完全符合。这两处可以满足吴院长提出的展示乾隆时的面貌。东暖阁及后寝殿从历年陈设档可以看出是在光绪初年有很大的变动。这两处的上限应该是光绪朝。东暖阁的室内装修是在光绪初年完全拆除另造的。因此，这两处就根据光绪时的状况进行布置。此外，还进行了太和殿、坤宁宫、同道堂三处宫殿的研究和布置工作。

（1）关于太和殿的宝座

太和殿正中设须弥座形式的宝座。宝座的正面和左右都有陛（即上下的木台阶，俗称"搭垛"），宝座上设雕龙髹金大椅，这就是皇帝的御座。椅后设雕龙髹金屏风，左右有宝象、香筒、角端等陈设。宝座前面在陛的左右还有四个香几，香几上有三足香炉。当皇帝升殿时，炉内焚起檀香，香筒内插藏香，于是金銮殿里香烟缭绕，更为肃穆。

1915年，窃国大盗袁世凯篡权称帝的时候，把殿内原有的乾隆帝所题匾额"建极绥猷"以及左右联"帝命式于九围，兹维艰哉，奈何弗敬"；"天心佑夫一德，于时保之，遹求厥宁"尽都拆掉，把雕龙髹金大椅也不知挪到何处去了。椅后的雕龙髹金屏风还保留下来，在屏风前面安设一个特制的中西结合、不伦不类的大椅。椅背极高，座面很矮。据说是因为袁世凯的腿短，但又要表现帝王气派，所以采用西式高背大椅的样式。在椅背上还有个袁世凯设计的帝国国徽。这个所谓的国徽是一个直径约二尺的圆光，用白色缎制成，在上面用彩色丝线绣出古代十二章的图案。这块白色缎后因年久断裂，里面露出的填塞物却原来是稻草。

1947年，故宫博物院接收前古物陈列所，马衡先生就提出撤掉袁世凯的宝座，恢复太和殿的建议。但当时藏品很多，试陈几次都和后面的雕龙髹金屏风不协调，并且尺寸太小，与太和殿的宏伟气派不相称。太和殿原来的龙椅究竟是什么样式？原物还存在与否？当时还是个疑问。这个问题一直到吴仲超院长领导工作时才得以解决。

1959年，我在一张光绪二十六年（1900年）的旧照片上看到了从前太和殿内的原状。根据这张照片进一步查找，终于在一处存放残破家具的库房中，发现一个残破的髹金雕龙大椅。它有一个圈椅式的椅背，四根圆柱上承三龙作弧形，正面高而两扶手渐低，正面两柱各有一蟠龙。椅的背板平雕阳纹云龙，座面与底座相连。底座是一个宽约五尺、深二尺余的须弥座。这个龙椅没有椅腿的形式，通背高约四尺。从髹漆的方法和雕龙的造型来看，可以说是明代之最，很可能是嘉靖时重建皇极殿的遗物。清康熙时重修太和殿，这个龙椅经修理后继续使用，一直到袁世凯称帝时才被搬走，以致弄得非常破烂。

1963年，故宫决定修复这件龙椅。未修之前，先拍摄龙椅的整体和各个细部的照片，再洗去污垢，辨认它的做法。凡短缺的构件，都一一配置。宁寿宫内有一个龙椅，是乾隆年间完全仿照太和殿龙椅制作的，惟有龙头造型带有清代的风格。另外，还发现一幅康熙帝的朝服像，皇帝所坐的正是太和殿上的这个龙椅。于是宁寿宫的龙椅和这幅康熙的画像就成为修复工作的重要参考资料。在整整一年之内，木活、雕活、铜活共用766个工日。到夏天伏雨潮湿的季节，由油工名手作油漆后，粘金叶。1964年9月，全部竣工，各工种共用934个工日。这个明代的龙椅修配完整以后，形体非常美观，椅背两柱的蟠龙十分生动，特别是组成背圈的三条龙，完全服从背圈的用途，而又不影响龙的蜿蜒凌空姿势。椅背采用圈椅的基本做法，座面下不采用椅腿、椅撑，而采用须弥座形式，这样就兼顾了龙形的飞舞和座位坚实稳重的风格（图四二）。

这件龙椅修复后，陈列到太和殿的宝座上，便与雕龙髹金屏风浑然一体。只有原来的匾联不知当时被丢到何处，已无法恢复了。

（2）坤宁宫原状陈列的布置

坤宁宫是明清两代皇后的中宫。明代皇帝住在乾清宫，所以坤宁宫是皇后的寝宫。1644年，李自成领导的农民起义军攻克北京时，崇祯的皇后（周皇后）就是在坤宁宫自杀的。到了清代，因为皇帝

四二　修整复原后的太和殿宝座

办公地点从外廷移进内廷的乾清宫，寝宫西移养心殿，所以坤宁宫也就成为形式上的中宫了。皇后可以在东西六宫随便选择一处居住，只是在皇帝大婚时才在坤宁宫和皇帝住上两天。清代的皇帝在即位以后才举行婚礼的，有顺治、康熙、同治、光绪四朝。而根据《大清会典》能肯定皇后曾经在坤宁宫住过的，只有康熙、同治、光绪三朝。此外，辛亥革命以后，溥仪举行婚礼时也曾经在这里住过。

除了婚礼之外，清代历朝的皇后在元旦、冬至和她的生日（也叫千秋），率领贵妃等去朝见太后和皇帝礼毕在坤宁宫休息，再到交泰殿升座，受妃嫔们的朝贺。坤宁宫经常的用途是祭神。每日朝夕祭、春秋大祭、求福祭、十二月二十三日祭灶等，都在坤宁宫的明间举行。

坤宁宫虽然基本上是明代的建筑，但在清代却有很大改动（图四三）。明代坤宁宫在清代顺贞门的地方，今天的坤宁门在明代是一道围廊，叫游艺斋，与御花园相接。至于清代坤宁宫的室内格局，则完全依照沈阳故宫里清宁宫的样子，保留着一部分满族的风俗习惯。室内顺着山墙，有前后檐通连的大炕，窗纸糊在窗棱外面，在炕上祭神，在炕沿鼻柱上挂着弓矢。这些和明代坤宁宫的室内装饰当然

四三　民国初年坤宁宫内景原状

不会相同。

1959年，坤宁宫布置了原状陈列。下面对布置经过和陈列依据，作一简单的介绍。

坤宁宫共九间，除东西两间为过道之外，室内为七间。七间又可以分为三个单元，中间一个单元包括四间，是祭神、吃肉的地方；东面一个单元包括两间，即所谓坤宁宫东暖阁，是起坐的地方；西面一间是存贮佛亭的地方。

这次布置的经过，是先研究资料，如1925年3月15日清室善后委员会刊行的《故宫物品点查报告》、内务府广储司所存的坤宁宫陈设档、乾隆年间纂修的《满洲祭天祭神礼》，以及《大清会典事例》、《内务府办事则例》等清代官书和清室善后委员会时期拍摄的一部分现场照片，并访问了曾经在坤宁宫吃过肉的老先生。结合这些资料，又对坤宁宫以往的收藏物品进行了研究之后，才开始着手进行布置。

① 东暖阁的陈列

东暖阁最主要的用途是帝后合卺。清代皇帝婚礼，极尽铺张浪费之能事，内务府对于婚礼所置办的物品，费用往往几十倍于市价。室内的铺陈，最足以说明这个问题。我们布置清代皇帝婚礼期间的原状时，首先对东暖阁的室内环境和固定的装置进行研究。东暖阁为敞两间，前檐通连大炕一座，后檐落地罩木炕每间一座，落地罩上面仙楼二间。据康熙四年礼部奏折，内有"……今奉太皇太后懿旨，中间合卺与神幔甚近，首间、次间虽然间隔尚是中宫之正间内北炕吉"。显然，中间即指正中有"坤宁宫"匾额的一间，首间即指有煮肉锅灶的一间，次间的北炕，是指东暖阁靠西边的落地罩炕而言（图四四）。又查《会典》载同治、光绪大婚一切俱照康熙四年成案办理，可见从康熙时起，北炕就是这个用途。从清室善后委员会《故宫点查报告》第二册（坤宁宫部分）上面可以看出，在这个炕的范围内有"紫檀雕龙凤炕几二张，紫檀雕龙凤双喜字桌灯二对，红呢炕罩一件，黄毡氆炕垫一件"等物品。双喜字桌灯应该是婚礼时用的，龙凤炕几应该是平时和婚礼时都有的陈设，至于黄毡氆炕垫则仅仅是平时的铺陈（这件炕垫早已不存在）。根据清代宫廷陈设的

四四　坤宁宫内景现状之一

　　惯例，每一处所的陈设品，有些是长期的，有些是逢年过节才安设的，包括一些缂丝织锦的炕垫、座褥等等在内。它们有的存贮在本宫，有的收贮在广储司所属的各专库内。至于不常用的地方，陈设物品根本不齐全。《故宫物品点查报告》虽然是很好的参考资料，但也不能受它的局限，例如坤宁宫所有原存的物品中，根本没有适合这个北炕的炕褥，我们在库房中找出了与这个北炕尺寸正合的大红缎绣龙凤双喜字大炕褥一件，褥里有布条写着"东暖阁北大炕"字样。从质料、图案、风格等方面可以断定，这件炕褥是清代晚期的制品，是为同治或光绪婚礼特制的。同时，选择了与此同一风格的大红缎绣百子图座褥两件，正适合前檐大炕在炕桌两边的尺寸。这三件褥子，可以反映当时举行婚礼的情况。

自道光十五年至宣统二年，共有七册时间不同的坤宁宫东暖阁陈设档，可以看出东暖阁的陈设，前后大致没有多大变化，只是在举行婚礼时加上一整份大红绣龙凤双喜百子等图案的座褥、炕垫、帐幔、地衣及喜字灯笼等物品（图四五）。陈设档上所载的物品和清室善后委员会点查报告上的登录，大部分是相符的。例如前檐大炕东西墙上蒋廷锡和顾铨的画、案上的白玉盘、珐琅炉瓶盒（底有"乾隆年制坤宁宫第一份"款）、紫檀木嵌玉如意（柄上乾隆隶书嵌金丝坤宁宫铭），案下的潮州扇、玻璃四方容镜、雕漆痰盒、竹帚以及墙上挂的钥匙口袋。自道光至宣统，一直是这些摆设，都是乾隆年间制品。结合墙上乾隆的题诗，这个陈设形式可以上溯到乾隆时代。不过，我们所能找到的档案依据，最早只能及于道光而已。在点查报告上，虽然这些物品不像陈设档上那样集中而又有次序，但物品都

四五　坤宁宫内景现状之二

还存在。这些陈设品都曾经对照过几种史料，彼此都没有矛盾。

有时材料之间也不尽一致，例如关于北墙东的一个炕，《故宫物品点查报告》和七册陈设档上的记载都不同，前者说是双座，后者说是"紫垣内正宝座"。但是我们认为原状陈列应当是按照长时期陈设档上设正座的形式，所以虽然《故宫物品点查报告》上记载得很确切，还有溥仪占据宫内时拍摄的照片为证，可是为了符合比较长久的陈设情况，就仍设正座，并且在北墙上恢复了坤宁宫铭的挂屏和几部书以及陈设（根据历年陈设档，这里有《盛京舆图》、《经史讲义》、《敬胜斋法帖》等书帖和陈设，显然是为皇帝准备的）。又有一部分物品是陈设档上所未载，而点查报告上所记载的物品和它的位置，都是合乎历史情况的，例如炕沿鼻柱的大铜钉上挂着一份弓箭撒袋，虽不是为了实用，但和坤宁宫的很多从生活实用品变成的象征性陈设品是协调统一的，因而还是摆上去。

② 明间的陈列

明间的原状陈列，可以有两个方案：一为表现白天无所活动的状况，一为表现各种祭神礼节中之一种。现在陈列的属于后一种。从所掌握的物品来考虑，在各种祭神礼中以表现每日朝夕祭为宜，但朝夕二祭不能同时进行，所以只表现朝祭。而夕祭神位平时就在北炕上，陈设的物品也可以同时存在。

朝祭的布置：故宫博物院从前有一个时期所陈列的坤宁宫祭神状况有个总的缺点，就是既非白天的状况，又不是祭时的状况。现在的布置是根据乾隆十二年《钦定满洲祭神祭天典礼》卷二"坤宁宫常祭仪注"、"坤宁宫常祭祝词"，卷五"祭神、祭天器用数目"，卷六"祭神、祭天器用形式图"的记载。对原藏坤宁宫的物品和原祭神库物品加以研究核对，发现有些物品已残缺不堪无法修复，例如镶红片金黄云缎神幔和背灯青绸幕已经腐朽污损，则保存原件，用复制品陈列。

还有一些陈设，如省猪（即杀猪）包锡红漆大桌，按制度应为两件（因为每次同时杀两只猪），但藏品只发现一张，原因是辛亥革命以后，每次改用一只猪，所以多年来只剩下一张包锡红漆大桌了。

朝祭神位所供的，据《满洲祭礼》载，为释迦牟尼（在鎏金小亭内）、菩萨像、关帝像（画像轴挂神幔上），现在仅存关帝像一轴。据《满洲祭礼》载，"礼毕司香太监撤菩萨像，位关帝像于正中"，这时才开始杀猪。现在陈列的状况是炕前有两高桌，摆着盛猪的银里木槽盆。从供品前后次序说明，猪肉摆上来之后，菩萨像当然是已经撤收了，所以现在朝祭神位的陈列中，只在神幔正中挂关帝像，和炕前的银里木槽盆是一致的。

夕祭的布置：夕祭所供的神根据《满洲祭礼》卷二"夕祭仪"的记载，"穆里罕神，自西按序供奉架上，画像神安奉于神幔正中，设蒙古神于左，皆于北炕南向"。从卷六"器皿形势图"供奉古神连靠黑漆座的图式和各种文件上都记载着蒙古神列于最末可以断定，原存北炕的连靠黑漆座上的两个绸制偶像就是蒙古神。《清史稿》礼志第四解释坤宁宫夕祭祝辞中"喀屯诺延为蒙古神"，所以这两件偶像现在就定名为喀屯诺延。在供夕祭神位绘画黑漆抽屉桌中原有画像一轴，当即是画像神。内容为七个盛装女子端坐椅上，上有飞鹊两只，下有清代服装的供养人二人。夕祭祝辞中有"纳丹岱珲"，《清史稿》礼志和《国朝宫史》解释纳丹岱珲为七星之祀。这个画像神是七个女子，可能就是纳丹岱珲。至于穆里罕神，估计原来可能是牌位而不是画像，但在藏品中尚未发现此项物品。

煮肉蒸糕锅灶部分的布置：这一部分在正间之东的首间（即对着门的一间）向南的隔扇内。灶上有大锅三口，两只猪各占一锅，另一锅蒸切糕。

灶的北窗棂上挂着煮肉用的铁钩、铁勺、铁铲，窗台上放着照明用的铁板灯、木板烛台。东墙上设着"东厨司命灶君之位"的木牌。隔扇外靠东墙设着"盛净水瓷缸"两件，放在红漆缸架上。两缸架之间放着一块圆形石头，叫作"打糕石"。据《满洲祭礼》卷五解释，打糕是"以稷米蒸饭，置于石，用木榔头打烂"，是黏糕一类的食物。

关于宝座的布置，《啸亭杂录》载："大内于元旦次日及仲春秋朔，行大祭神于坤宁宫。钦派内外藩王、贝勒、辅臣、六部正卿吃祭神肉。上（指皇帝）面北坐……"。《啸亭杂录》的作者是乾嘉时代的人，可以知道在那个时代以前，皇帝坐在南窗大床，面朝北。又据《曝直纪略》："每年坤宁宫吃肉三次，枢臣皆与（按：指的是大祭，这和每日常祭只有少数侍卫参加吃肉的情况不同）。两宫祭神毕，太后坐北床，皇上坐南床，如太后不御坐则皇上坐北床。"从这一材料知道，到了同治、光绪年间，除了南床上安设座褥、靠背、隐枕一份宝座以外，在北床上又增设一份。这次陈设是按这种形式来布置的，坐北面南的一份最初曾经设在正间，后来经过文史馆衡亮生先生提供照片核对后才改陈在西一间。还有南北两份宝座各安设铜座牛角灯两个于座褥左右，也是参考照片布置的。

综言之，坤宁宫原状陈列所反映的时间是整个清代的。在东暖阁内具体的表现同治、光绪婚礼期间的状况，但并不排斥乾嘉以来遗留下来的陈设品。在明间内具体的表现举行朝祭的状况，是坤宁宫从有祭神以来的原状，同时也不排斥同治以后南北对面设两份座位的状况。我们从一切能够找到的可靠史料中选择适当的内容，将原地点历史上积累下的室内陈设面貌，重新复原。这次布置故宫中路自太和殿至坤宁宫的原状陈列，都是在这种情形下进行的。

此外，吴仲超院长当时还组织了一个书画委员会，主任委员是唐兰先生，委员有张珩、徐邦达、天秀和我四人，负责编辑出版书画，工作量不大。当时故宫的出版物上，只有故宫博物院一行字，并无编者姓名。不过，工作量很少也无需署名。还有一个文物征集委员会，地点在神武门内西大房，我是委员之一。从1956年至"文革"前，十年中通过这个渠道收购了很多文物。当时李文善负责事务工作，我每天都会接到他的电话，到西大房看东西。有时一天还不止一次。文物商店当时只是贱价收购，买主很少，所以把故宫当成最大的买主，要价也不高。除文物商店之外，也有物主自己直接来求售的。

以上是我1956年回院工作和吴院长最初的接触，到1958年1月文化部及所属单位下放农村，我又离开故宫，直到年底才回来。

八　下放宝应

四六　1958 年，文化部及所属单位下放宝应县曹甸乡全体干部
　　　合影。

　　1958 年初，文化部及所属单位的干部到了苏北，分别安插在宝应、高邮、兴化、六合四个县（图四六）。我和老同事纪中锐同住在宝应县曹甸乡一位叫郝立祖的农民家里，我们的户口和粮票都交给郝家。郝先生夫妻二人有两个女儿。当时流行的口号是，与农民同吃、同住、同劳动。苏北地区上一年歉收，我们到的时候正是青黄不接时节，家家缺粮，人人肚饥。我和老纪两人的粮票当然对郝家不无小补，不过每天两餐的所谓稀饭，仍然是以野菜为主。当时大家有个共识，普遍认为野菜中一种叫做"荞荞菜"是最好的。说是稀饭，实际荞荞菜占八成，只有二成米粒。农民除了挖荞荞菜之外，有时还在水塘里

四七　1958 年，被评为"生产先锋"，获得一面锦旗。

挖到慈姑，每人可以分一两个。这种事不是每天都有。

　　下放干部每人都到镇上买一把锹、一根竹扁担、两个箩筐、一把镰刀。清明一过，生产队开始每天耕地，作秧池，这些工种我们只是学习而没有资格动手。到插秧的时候，我们可以一面学习，一面实践。还有就是用扁担箩筐把秧池里拔出来的秧苗送到田里，以及往田里送肥等等，这些力气活儿我们都胜任。

　　到了农历五月要割麦，原来的麦田将要改成水田，抢种水稻。农民把这个季节叫"大忙"。在农民的教导下我们下放干部在大忙中已

四八　1958年，在江苏扬州代表下放干部参加演出之余，
　　　游瘦西湖留影。从左至右依次为纪中锐（左一）、天
　　　秀（左三）、秦德海（右二）、陈广禄（右一）。

经初步成为会干活的劳动力。最费力气的是挖河泥，再挑到田里作
肥料。这一年我被评为"生产先锋"，得到一面锦旗（图四七）。

大忙以来，越来越感觉到荞荞菜稀饭没用，肚里总是空得厉害。

四九　1958 年，江苏省与文化部合作，利用当时在当地下放的
　　　干部资源为地方培训一批文化艺术工作人员。这是当时
　　　负责博物馆班培训的同志在研究教学内容。从左至右依
　　　次为尹焕章（左一）、梁白泉（左二）、沈洪江（左三）、
　　　纪秋辉（右二）、赵指南（右一）。

镇上倒是有卖馒头的，但我们手里没有粮票不能买，偶然发现有卖
煮熟的鹅蛋，喜出望外买了几个揣在身上，无人时吃上一个。因为
下放干部要和农民完全一样，生活不准搞特殊，不准买零食，这也
是一条纪律。

　　这一年夏秋之际，有一天突然中队长秦德海通知："大队长黄
洛峰来电话，扬州地区开万人大会，有两场京剧晚会，要朱家潘和
纪中锐去扬州代表下放干部参加演出。明天早晨在公路边有一辆吉
普车就是接你们的"。于是次日天未明我们就登程，顺着泾河的岸边
步行约十里走到公路，坐上吉普车下午到了扬州，有会务人员负责

接待我们（图四八）。每餐都很丰富，跟荠荠菜稀饭相比真是恍如隔世了。第二天开始演戏，共两场，一场我演《探母》、《回令》，一场演《挑滑车》。纪中锐一场演《空城计》，一场演《坐楼杀惜》，由当地专业剧团配演。演出结束后，扬州地委徐向东通知我们回去在宝应县招待所先住下，不要回曹甸，有事商量。回到宝应才知道，江苏省与文化部商定利用文化部所属单位从事文化艺术工作的人员在扬州之便，举办一个文化艺术学院，培训江苏各市县文化馆、博物馆、剧团等的骨干工作人员（图四九）。学院设在宝应县，有美术系、博物馆系、话剧系、歌剧系等等。派我任博物馆系主任，我推荐纪中锐讲陶瓷，傅连兴讲古建，沈洪江讲文物政策法令，南京博物院尹焕章讲田野考古，我讲古代书画。这一期共三个月，除教室上课之外，我们博物馆系还做了一次考古发掘实习，由尹焕章先生带队，到射阳挖掘一座汉墓。话剧系、歌剧系也都有实习演出。到1959年初，我们都各回自己的单位。

九 "文革"前几年
的工作

　　1959年初，我回到陈列部，院里已决定将在保和殿东西庑成立历代艺术馆，这是一个按历史分期的综合艺术品陈列。由我负责明清阶段，包括制订计划、选择展品到陈列具体施工，以及编写说明等。上半年除突击这项任务以外，还有一个月的工地劳动。这是那个年月里的常规，每人每年应有半个月的农活劳动。故宫在南苑有个农业基地，全体职工轮班去劳动半个月。另外，故宫的建筑维修是年年不断的，所以每年也有轮班到工地劳动半个月的义务。1959年因为国庆十周年，三大殿通通油漆彩画，所以这一年就没有农活劳动，改为一个月的工地劳动。这一次我被分到架子工队伍，扎脚手架是技术活，当然不要我干，我所干的是扛杉篙和上高空作"砍活"。"砍活"就是用斧子把原来的旧漆砍下来，露出木材，就算完成任务。不过当年的工坚料实，很不容易砍。尤其是挑檐下柱柁面上未经日晒雨淋的部分，斧子砍上去冒火花，铮然作金石之声，岿然不动，这种活是最费时间的。干了一个月又回到库房和陈列室。历代艺术馆完成以后，书画委员会为院藏书画定级，我是委员之一，当然参加。每隔三四日进行一次，延续很长时间才完成。

　　故宫陈列部和保管部曾一度改组为美术史部和工艺美术部。吴仲超院长对我说："故宫藏品中，书画、青铜、陶瓷这三个门类现在都有专人在进行研究工作，藏品中占比重最大的明清工艺美术品，却只有保管而没人进行研究，这是一片空白，我想让你到工艺美术部进行研究工作。"我答应下来，到工艺美术部，每天进库房看藏品，在这期间有个任务，让我主持工艺美术品定级的工作，每天进行，并且随着为一级品制档。对于工艺美术，我在初步研究成果的基础上，布置了两个前所未有的陈列，一是按照《髹饰录》的系统，布置一个漆器陈列室，一是结合文献材料布置一个珐琅器陈列室。为了进一步开展工艺美术方面的研究，每日到明清档案部去翻阅养心殿造办处的有关档案。这是听单士魁同志的建议。真该感谢这位老友，使我获得了大量的有关工艺美术品的史料。

1964年到1965年之间，吴院长又对我说："乾清宫是中路最主要的原状陈列，但东西两庑怎么办呢？空在那里又无法恢复原状。你想个主意。"我想故宫博物院除宫殿原状以外，大小陈列室尽管种类不同但都是艺术品的陈列，现在乾清宫两庑我想布置一个"清代历史文物陈列室"，可以使观众觉得新颖可看。吴院长同意我的想法，于是我就做了一个计划。这一项陈列内容图像部分包括清代的帝后像、名臣像、南巡图、庆典图、战图，器物部分包括朝服、吉服、常服、兵器、火器、弓箭，书籍部分包括《古今图书集成》、《明史》、《数理精蕴》、《乐律全书》、《全唐诗》、《四库全书》等等学术巨著的样本。这项陈列刚布置完毕，尚未开放，"文化大革命"开始了。清代历史文物陈列被批判为"歌颂清王朝"的黑展览，是吴仲超的罪行之一，当然也是我的罪行之一。

十　从参加"四清"
到"文革"

自从下放结束以后，回到故宫工作的几年时间里，家庭中遭遇到的最大的事是母亲去世。母亲身体一直不是太好，但也没有什么大病，并且有固定的朱广相大夫常来诊视，也经常注射一些补剂（图五〇）。1963年我五十岁，母亲整八十岁。我每天早上到母亲房中叫一声"娘"，说一会儿话然后上班。下班回来到母亲屋叫一声"娘"，叫过之后，母亲就用手摸摸我的头。每天如此。常常是早晨说，这么早就走啊，下午说，这么晚才回来。其实我并没有特别早出晚归，只是做母亲的人，一种习惯的关切。我常常暗自庆幸，已经年届半百，每天还有母亲爱抚，真是莫大的幸福。同时也一直心存畏惧，每逢从外面回家，看见门口有几辆车就开始心里发慌，怕是有什么变故。进门知道无事后才能放下心来。

1963年的九月初十日是母亲八秩大庆，大哥从杭州回来，我们弟兄四人和孙子、孙女们围绕膝下。我画了一幅山水裱成轴，为母亲祝寿。初九、初十两日由丰泽园厨师到家里做几桌菜招待亲友，母亲很高兴。

过了一个月，母亲觉得很疲倦，四肢无力。十二日请大夫来看，发现母亲耳朵发干，像是贫血，建议到医院检查一下。次日早上送母亲到协和医院检查，经过透视发现已是肺癌晚期，无法动手术。母亲当然不知道，以为没有什么要紧。又过两天，到十五日早上突然辞世。

如果没有透视检查，母亲的辞世就是古人所谓的无疾而终。两年之后，就是"文化大革命"，我家是当然的被抄户，并且不止一次。所以我想，母亲还是一位有造化的人。

1965年，院里已经派出参加"四清"的队伍，有些新分配来的大学生，尚未真正摸到文物就派出参加"四清"。我被安排到由吴仲超院长领队的第二批（图五一）。1966年初，我们先集中在西安学习

五〇　我和世襄（右一）是总角之交，我们的母亲是画中二友，十分相契，有通家之谊。母亲喜欢他不怕麻烦的认真钻研，凡有可能，总愿为他的研究提供方便。这是1959年冬天，世襄夹着一大卷灰色幕布，扛着木架子和摄影师来到我家，逐件把家具抬到院子里，支上架子，绷上幕布拍照。工作结束后，母亲与我们合影。

五一   1966年，参加"四清"时在西安。

一周，然后分配到蓝田县冯家村公社，具体的工作点是黑沟大队。从冯家村公社出发的那一天下大雪，杨富春带着我们这个小组，由公社派一个十多岁的男孩领路。山路很不好走，雪越下越大，在岭上已经走了四个小时，还没到达目的地。四周白茫茫一片，领路的孩子也犹豫，不敢下岭，怕下错了路口。又转了很长时间，忽然发现云雾中有炊烟冒上来，又听见鸡鸣，才决定这个路口可以下岭，下来果然找到大队部。这时天已黑下来，我们小组无法安置每个人的住处，只好吃点干粮，仍旧穿着棉大衣，大家挤在一张通铺上，盖着一个卡车上用的大雨布睡了一夜。次日早上到大队长家里商议工作队的吃住安排。过了几天，调整人员把我调到冯家村附近一个大队。这里有陕西本地"四清"工作队人员和我们一起，逐渐展开"四清"工作一应事情，大队长、生产队长及队会计等干部交代"四不清"问题，开动员大会，培养积极分子加入共产党等等。我本人不是共产党员，却在这里公然参加党的会议，作出准许什么人入党的决定，因为"四清"运动中有一条纪律，不准暴露身份，当地人不准问，我们自己不能讲。因为是从北京来的，所以在当地人看来自然就是毛主席派来的。这种纪律是根据什么制定的，我始终不明白。

过了几个月，这里的"四清"工作尚未结束，突然之间接到通知要我们各回原单位，当然我就回故宫。到家的次日到院参加大会，在会场上看见吴仲超院长和几个党员干部，他们是前几个月到中央党校学习，尚未结业，也是头一天才回来，刚进会场就听见不少人喊口号"打倒吴仲超"。

从此进入"文化大革命"运动，我也变成"黑帮"。开斗争会、批判会自不在话下。吴院长、李副院长、唐兰先生、陈万里先生等等许多人，包括我在内，被关在东角楼下一个院里（原故宫博物院理事会办公处）。几个月之后，因为中央文革小组发布"不准私设公堂"的指示，才把我们放出来。

回家之后才知道，已经遭受过三次大规模的抄家。后来又有一天，我从故宫下班回家，正赶上李久芳领队来补抄一次，可以说是小规模抄家，因为事实上已无物可抄。到晚上九点，我们一家人才考虑吃晚饭。仲巽下午本来正要出去买点菜，尚未出门，李先生就来了。当然就不可能出去，到这个时候只好用葱花炒一锅窝头，就些咸菜凑合一顿。我喝了两杯酒，吃两碗炒窝头，就睡了。次日，儿子的同学来看我，说："昨儿晚上我也来了，看您都睡着了。我真服您，刚抄过家，您就吃得下，睡得着，还睡得那么香。我真服了。"

当时为了使故宫免遭破坏，周恩来总理命故宫停止开放，并派部队保护，所以根本没有业务工作。每天上班，一部分职工组织造反派，一部分属于"逍遥派"，一部分就是我们这些称作"黑帮"的，有造反派管制着我们，监督我们干些体力活儿。每天打扫地面，清理厕所，或搬运物品等。除此之外，有时开分片的批斗会，有时开全院大会，或文化部系统更大的批斗会，我们都要去陪斗。在食堂买饭，辟有专门出售"无油菜"的"黑帮窗口"。这样过了一年多，到 1968 年的国庆节，"黑帮"又被造反派关起来，仍住在东角楼下的院落里不准回家。直到 1969 年 1 月，解放军工作队进点，把造反派的组织取消，全院职工按原来部门编成连排队伍。不论是革命群众，还是"黑帮"，都在办公室住宿学习，不再随便开斗争会，对于原来定成"黑帮"的人，开始一个一个地作结论。

我因为在一次装车中把腰扭伤，这段时间正在家休病假，接到革委会通知，说如果能走路行动的话就要开我的批判大会。我答复已经能够行动，当天小女儿朱传荣（小学五年级）扶着我到了院里。这天的会场是单国强主持，给我预备了一张藤子的躺椅，这是运动以来从未看见过的场景。大会开始，主持人单国强同志照例宣读一条毛主席语录。通常情况下选的语录是"……把他们打倒在地，再踏上一只脚，叫他们永世不得翻身……"，而单国强这次选的是"我们当前的主要任务是批判修正主义"，我立刻感觉到这次大会的走向不同以往。果然，陆续的发言多数比较温和，其中单国强的发言尤为有趣，竟然大谈美学观点中的分歧。发言结束之后要我回避，革命群众讨论朱家溍是属什么性质的问题，是敌我矛盾，还是人民内部矛盾，或者是敌我矛盾按人民内部矛盾处理等。我在隔壁屋内，说是回避，其实听得很清楚，绝大多数人都说"人民内部"，只有两个人反对，最后通过的当然是多数人的意见——"人民内部"，这就是"作结论"，也叫作"解放了"。这都是当时无人不知的语汇，很可惜并没有一部词典收录，再过一些年大概就完全无人能了解。今天写在这里，也算是一种"著录"吧。

按："解放"的全过程其实还差一点点，当时的情况是，尽管只有两票反对，但这两票似乎准备坚持下去，正在相持不下的时候，外边传来吆喝的声音，

　　五二　1969年秋，和二哥家濂（右一）、三哥家源（左二）兄弟三人各赴"干校"之前的合影。

说食堂来菜了。这里所说的食堂，当然是指故宫的职工食堂，所说的菜可不是就饭吃的菜，是食堂从什么地方买来的生菜，准备卖给职工回家吃的。过去北京的夏天，常常有青黄不接的时候，菜站只有一大摞柳条筐，什么菜都没有。来菜的时候，如同现在有时停电那样，挺轰动的，居民在家里也可以听见，胡同传来嘈杂的人声，"来菜了"、"来茄子了"、"小三儿，快排队去"等。所以，讨论父亲问题的性质就立刻显得不重要了，用当时流行的话说，是"下降为次要矛盾"，相持的双方草草统一了意见，"解放"的过程就结束了。

　　我们弟兄共有一所住宅，数十间房，是父亲在时买的。父亲去世，所有权就成为弟兄四人共有。"文革"开始时，自动交给政府，好在还允许继续居住，只需每月向房管所交纳房租就行。1969年9月，在黑龙江柳河"五七"干校经验的推广下，干部下放再度成为一次全国的行动（图五二）。当时我家的情况是，大哥家济在浙江文管会工作，因为在"文革"中被批斗，引起心脏病发作已经去世；二哥家濂在北京图书馆工作，因为与故宫同属文化部，和我一样都是到湖北咸宁的文化部"五七"干校；三哥家源在社科院历史所工作，

"干校"在河南罗山。我的儿子传棠当时是北京钢铁学院四年级学生，正在河北迁安参加铁矿会战，女儿传移、传梓分别算是高中、初中毕业，已经去了云南的生产建设兵团，在西双版纳种植橡胶。家中只剩仲巽和小女儿传荣。

我就是在这种情况下离开家的。

到了"干校"，分配在第二大队九连，所在地叫"452"高地。故宫的工程队先期到达，已经在这里建了一批土坯房（图五三）。我们头一批"五七"战士住进去的时候，还没来得及装门窗，吃的是窝头，熬南瓜，每天的劳动仍然是盖土坯房。到1969年冬天，全国范围内执行林彪的所谓"1号令"，所有已下放干部的留京家属一律迁出，或去"干校"，或回原籍，不准留京。于是，仲巽带着小女儿传荣跟随故宫大批职工家属来到湖北。但家属宿舍还没盖，暂时安排在金口和金水闸两处，都是借住的性质。我的家属在金水闸，是湖北省农科所两幢新盖尚未使用过的房子，我家分配到一间，吃饭在农科所的职工食堂入伙。故宫的魏文藻和杨富春同志管理家属事务工作，并组织家属的政治学习。安置好家以后，我们仍回"452"高地的九连参加劳动。

当时土坯房只是一部分，主要多数房子还需用砖瓦，因此八、九两连全体调到嘉鱼县的潘家湾码头，全连人住在一个大棚下面，睡在一张大通铺上。运砖的船从上游来，靠了码头搭上跳板，然后我们用扁担、箩筐把砖挑到岸上，码成若干砖堆，卡车再把砖装运到咸宁"452"高地。我自以为曾在宝应跳过担子，熟悉得很，哪里知道挑担子走跳板和走陆地不一样，从船上装二十四块砖走到跳板跟前时，一定要停下来，重新起步，这时候脚下跳板颤动的节奏和肩上扁担颤动的节奏才能合拍。如果不停下来重新起步，砖和人都可能掉下江去。除挑担子之外，每天早上要装车。大约早晨五点钟，听见远处汽车喇叭响，就立刻跑出去，恰好车到门前，司机为了争取时间，只是把速度放慢，并不真的停车，两个装车的人都要赶上去抓住车帮，然后横着身体滚进车厢。在行进中要完成这一串动作，有些人望而生畏，只好不参加。

五三　1969年，我下放到湖北咸宁"五七"干校。二哥家濂在
　　　六连，我在九连，同属二大队，当时称为"图博口"。

潘家湾一带的江岸都是红色的峭壁，当地人说，这是三国时赤
壁之战的地方。我们在这里时正赶上一个春节，放假休息三天。有
家属在金口或金水闸的人，允许各自回去。

在潘家湾共干了三个多月，九连全体回到"452"高地。从1969
年9月来到咸宁"干校"，到1971年秋天调到丹江"干校"期间，我
付出劳动和大家一样，并不在照顾之列。我也没要求照顾，因为看
到九连有几位受照顾的，常常被一些人任意嘲笑呵斥。唐兰先生被
叫作熊猫，家里寄个包裹，里面有罐头肉松、花生酱，就给他办个
展览，让大家批判。徐邦达先生更是常常在地头被一群人围起来开

现场批判会，其实也说不出什么可以上纲、上线的事情，无非是大家干活累了，拿一个比自己更好欺负的人开个玩笑而已。所以我宁可多费些力，干重活，让那些惯于以欺负人为乐的人不敢轻视我。每天随全连下田劳动之外，还会以壮劳力的身份临时接受任务。记得有一次，好不容易赶上政治学习——不用劳动的日子，派我和窦茂斋到咸宁火车站去卸煤。卸煤既是重活，还要求快，必须在一定的时间内把一车满载的煤卸完，是重活中的重活。另一次，也是跟窦茂斋，是农活，按说不算重，但比较苦。就是下雨的时候，要派专人看管秧池，不能让秧池里的水没过秧苗，一旦池内水多了就需用盆把水淘出。这项工作要站在池边守候一夜，直到天亮才能回连睡觉。不知为什么，这项工作每次总是派我和窦茂斋两个人。窦茂斋是个老革命，在战争中受过伤，只有一只眼，加上我两人共有三只眼。第一次晚上出发时感到困难很大，在山坡上虽然没有灯光还可以走，到了湖区因为港汊很多，下雨之后简直辨不出哪里能走，哪里不能走。幸亏了窦茂斋的一只眼，他打过游击，经验丰富。他告诉我：“把手电筒关掉，咱们在全黑的环境里静几分钟，就能认识大致方向，然后就可以看出每日白天常走的地形。”于是，我跟着他走，果然顺利找到秧池。这项工作虽然苦些，但也有意想不到的享受，就是雨天的雷电之美是原来从未看到过的，有一次竟然看到从天而降的一个大火柱，通天到地，真是难得一见的自然景观。这是在室内所不能想像的。

　　在咸宁的两年中，我还担任一项非农活的劳动。校部领导要给“五七”战士们在国庆节上演一出样板戏，但文化部所属的京剧团体都在天津附近的静海“五七”干校，没有到咸宁来。因为知道我在五十年代曾经组织过业余剧团，为抗美援朝捐献飞机筹款义演过若干场，就派我担任导演，为大家排练。其实这只是校部领导的简单想法，我虽然演过许多传统戏，可样板戏我却不会。但这是一项很光荣的“政治任务”，不能不接受，也不敢不接受。当时我要求校部领导给我借一部《红灯记》、一部《沙家浜》的舞台纪录电影片和两剧的剧本，我必须先学会，才能给大家排练。校部答应我的要求，过

五四　"五七"广场。远处砖房是校部和医院，我导演的《红
　　　灯记》即是在这里演出，二大队的家属宿舍就在广场边。

了几日一部16毫米的小放映机、两部舞台纪录影片和剧本都交给
我。我看了多遍，全学会了。每天我可以提前从田里回连休息，晚
饭后给大家排戏。经过三个月的排练，在"五七广场"，搭台正式演
出了《红灯记》（图五四）。所有的演员、乐队都是由各连的"五七
战士"担任。我记得，李玉和是历史博物馆的许青松，北京图书馆
刘鲁东演的鸠山，也是北京图书馆的一位韩女士演铁梅，历史博物
馆的石纪元演磨刀人兼打堂鼓，李俊臣演翻译，并负责幕后朗诵毛
主席语录"成千上万的先烈为着人民的利益在我们的前头英勇地牺
牲了，让我们掩埋起他们的尸体，踏着他们的血迹前进吧"。故宫的
纪中锐司鼓，崔玉棠打齐钹，我打大锣，北京图书馆的陈容惠拉手

五五　在湖北丹江演出《红灯记》剧照，我饰李玉和，故宫博
　　　物院的张世琪饰鸠山，人民出版社的魏磊饰王连举。

风琴，别的人名就记不得了。后来，到丹江"干校"，又接受演出样
板戏的任务。这时，原来的演出班底大部分没有到丹江来，我们只
好演选场，用人多的场次不演，仍由我负责排练，纪中锐仍担任司
鼓，荣宝斋专画婴戏图的李伯实拉胡琴，中国戏曲学院的教员陈盛
秦打大锣，白登云打小锣，故宫的崔玉棠弹南弦。白登云当时早已
是著名鼓师，陈盛秦是小生演员，梨园世家，但都是对样板戏一无
所知，领导动员参加，当然必须接受。我们演出了《红灯记》的前
半出，到鸠山设宴，李玉和大骂鸠山为止。在丹江"干校"礼堂有
正规的舞台，演出效果不错，我演李玉和，电影局被打倒的局长袁
牧之夫人朱世藕演李奶奶，实验话剧院一位演员的女儿舒红演铁
梅，故宫的张世琪演鸠山（图五五）。还演了《沙家浜》的选场，我

五六 在丹江演出《沙家浜》剧照，我饰演郭建光。

演郭建光（图五六），文联的杜继昆演沙奶奶，北京图书馆的冯宝琳演护士小王，中华书局的张丽华演阿庆嫂，胡传魁和刁德一也是中华书局的同志扮演的，但不记得名字了。我们的样板戏在丹江颇有名气，县政府和当地驻军都曾经专程邀请我们去演出。

丹江"干校"原本是中央文化部设立的"文化部安置干部办公处"，办公室、礼堂、宿舍、电灯、自来水等等设备都齐全。原有少数被安置的干部住在这里，但绝大部分房子空着，所以临时作为咸

五七　1972 年，在丹江"干校"。下边一排房屋是文化部机关
　　　和部分出版单位（人民出版社、人民美术出版社、荣宝
　　　斋）驻地。

宁干校的分校使用。被调来的大都属于老、弱、病、残四种人，算是被照顾的。老的一类里，绝大多数已到退休年龄，只有极少数还差一两岁。当时我五十六岁，在不到退休年龄的人当中是最小的一个，文博系统是第三连，因此获得一个美称"三连小朱"。同理，历史博物馆的王育新，也被叫作"三连小王"。

因为是在等待退休年龄的到来，所以又被已经到年龄的人称之为"蹲熟"。这是北京的俗语，把尚未熟透的西瓜摘下来，暂且不吃，先放几天，就叫"蹲熟"。

按：当时对于这一类被闲置的人有一个流行的说法，叫"挂起来"，好像是形容上下够不着的一种境地。在丹江"干校"时，父亲曾作诗，答复王世襄先生来信问有无调回北京工作的消息，诗中有"今年依旧系匏瓜"的句子，说今年仍然像架上的葫芦一样悬在空中，就是指这种"挂起来"或者叫作"蹲熟"的情形。

虽说是"干校"的分校，但每日劳动只有上午两个小时，以政治学习为主，事实上是以休息为主。咸宁"干校"的口号是"粮油肉菜四自给"，丹江减了一项——粮，所以只需种种菜、养养猪就差不多了（图五七、五八）。

按：记得有这么一件事，干校种了很多莴笋，长得很好，就舍不得吃，等北京来慰问团看过了再收，慰问团来过了，又有当地驻军要来参观，又等。终于没有人来的时候，再想收获，发现莴笋已经老得不能入口了，只好沤了青肥。

我和仲巽、传荣分到两间房，每日在食堂买饭菜，有自备煤油炉，也可以自己做点菜，吃得很好。住的环境有山、有泉水，所以这里的生活相当舒服。这期间，湖北省博物馆曾经邀请唐兰、罗福颐、徐邦达和我去武汉市鉴定文物。后来又组织一个各县文化馆馆长培训班。结业后到武当山进行一次为期十天的地面考古实习，请我参加辅导（图五九）。武当山是我多年向往的名胜，只是没有机会，这次如愿以偿。住在紫霄宫的方丈院，武当山的自然景致美不胜收，自不待言，建筑物则把武当山装点得更美。明代称武当山为太岳，言其可居五岳之上。记得我给内兄赵元方写信，告诉他，我在武当山的感受。他的回信是一首诗，其中两句是"太岳胡为尔，三峰未许

五八　1972年，和仲巽在丹江红旗区自家窗前留影。

五九　在丹江时，"干校"与湖北省文博系统建立了很好的关
　　　系，唐兰、罗福颐、徐邦达和我都为省内博物馆人员讲
　　　授过专业课。这是讲习班在武当山金顶的合影。

同"。他并未登过武当山，竟主观地加以否定，使我不能容忍。我步
他的原韵回答一首："道远清秋暮，推窗望碧空。长松迎落照，桂露
染琳宫。太岳当无愧，幽奇自不同。年年霜降后，楝叶满山红。"

　　按：家里仅存的一些武当山的照片就是七十年代父亲数次去武当山期间

拍的，相机是借的，叫"幸福"牌，加一张黄色玻璃糖纸起滤色镜的作用，所以云朵的色彩很丰富。

　　到1973年允许家属先回北京，次年也允许本人回北京，至此结束了"五七"干校的生活。

十一　退休又复职

从"干校"回京向文化部报到，每星期两次政治学习，在文化部领工资。故宫博物院并未通知我上班。我去看吴仲超院长，打听消息。他说他自己现在仍然是靠边站的性质，一切由革委会主持，即使通知你上班，你也是坐冷板凳。

这时候正值发还抄家物资，有些东西发还了，有些东西已经处理，所以折价给我一部分钱，拿出一张单子开列着每件东西的处理价码，但没有总数。要我当面计算出一个总数。我说我不会算账，你折多少我都没有意见。革委会办理此事的那位同志满面怒容，说：非要你算不可，太猖狂了。这时候，王树芳同志走过来说："老朱，你别为难，我知道你不会算账，我替你算。"虽然只是一件小事，但在这种环境中却体现出一片善良的心。这一天我听了吴院长的话，联想到革委会工作人员的态度，决定办理退休。这是1974年。自从1965年参加"四清"工作队开始，到这时已经整九年没摸书本，我所说的书本是指经史子集四大类的线装书。我常用的书和我家藏书数十架都被北京市文物处抄走，此时已经决定发还，由三哥朱家源的工作单位历史所的杨讷同志代为办理领回手续，但我家的房屋被街道"五七"工厂挤占，除家里人住的一点面积，实在没有藏书的地方，因此全部书籍暂存历史所。此时我要看书怎么办呢？既然已从故宫退休，革委会对我又有歧视，也不便去故宫的图书馆。于是想到国子监的首都图书馆，我照章办理借书证，成为首都图书馆的一个合法的阅览者。首都图书馆参考部的一位冯老先生和一位赵澍湘女士给我很大方便，允许我借出阅览。他们的善良，我至今不忘。

我总共过了三年多的退休生活，当时是这样安排的，五元钱买一张通用的公共汽车月票，每天早晨到西山或北山，寻幽访胜，其实这些都是青年时期游过若干次的地方，此时不过为了活动身体而已。中午回家吃饭，下午读书写字。在三年当中，我重新整理从前

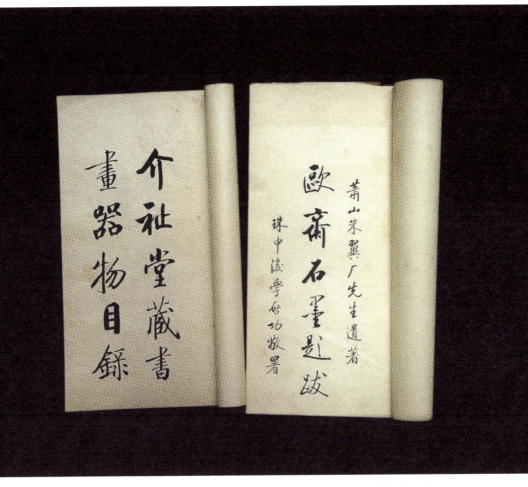

六〇 从"干校"返京后的三年里，我根据从前所编家藏古代法书、名画、器物目录稿，藏书目录，碑帖目录稿，整理出《介祉堂藏书画器物目录》（两卷）、《萧山朱氏六唐人斋藏书录》（八卷）、《欧斋藏碑帖目录》（两卷），以及父亲的遗著《欧斋石墨题跋》，用小楷在毛边纸上誊清，并请启元白（功）兄题签、琉璃厂书店老友魏广洲先生装订成册。

所编家藏古代法书名画器物目录稿、藏书目录稿、碑帖目录稿，在毛边纸上，用小楷誊清，取名《介祉堂藏书画器物目录》（两卷）、

六一　和哥哥姐姐们在一起。从左至右依次为朱家泗（左一）、
　　　朱家源（右二）、朱家濂（右一）。

《萧山朱氏六唐人斋藏书录》（八卷）、《欧斋藏碑帖目录》（两卷）（图
六〇）。请启元白兄题签，琉璃厂书店老友魏广洲先生装订成书。此
外，还开始编写《历代著录法书目》。这是一部大型工具书，在退休
期间写了一部分，完成出版是在复职以后很久了。编写这部书共参
考引用书画著录数百种，收录一千六百六十五人的传世作品和记载。

　　1978年，故宫突然通知我回院工作（图六一至六八）。原因是国
家文物局颁布一个古籍善本标准的文件，命全国各图书馆对于馆藏
图书按新颁布标准选出本馆所藏善本图书，并编出本馆善本书目
（按：这时的回院工作，是以退休身份工作。当时有一个专用名词叫"补差"，就
是说的退休人员再工作，只能发给他正式工资与退休工资的差额部分，不能多

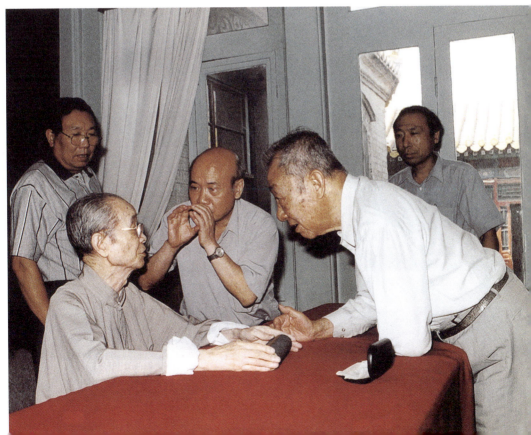

六二　和黄苗子（左一）、启功（中）一起研究碑帖。

六三　与徐邦达（左一）讨论工作只要看着他，用比平常稍大的声
　　　音慢一点就可以了。

六四　和金维诺（第一排左二）、薛永年（第一排左一）、杨新（第
　　　一排左三）、单国强（第二排右一）等在上海博物馆鉴定书画。

六五　和刘九庵（右一）、史树青（左一）一起鉴定书画。

给。补差的人最大的优点是可以不参加班后的政治学习），由文物局组织专
家汇总编出全国善本书目。我的任务是主持故宫图书馆的这项工作，
同时回院的还有纪中锐，也参加这项工作。还有图书馆原有的杨玉
良、陈凤鸣等人参加。我先选出善本，然后仿照《四库全书总目提
要》的体例，又增加版本、行款、纸型等内容，为每部书写一篇提
要。这项工作到1980年的上半年完成，交到全国善本古籍总目编辑
组。《故宫现存善本书目》共著录故宫藏善本书两千八百种。这次重
新回到故宫工作的第二年，即1979年的春天，博物馆界的退休人员
中有两人又被通知撤销退休，从即日起正式复职。一个是历史博物
馆的傅振伦先生，一个是我。

　　1980年，北京大学哲学系请我为一个美国留学生席安琪指导博
士论文。她的论文题目是"中国的祭礼"。我对北大哲学系主任楼宇
烈教授说："我不是专门研究礼的，为什么要我指导。我没有这个
资格。"他说："这个学生是台湾大学毕业，汉文程度非常好，能说
能写，能读中国古书。至于请您担任这项工作，是因为我知道您对
于三礼是研究过的。"我说："我的大学毕业论文是《左传礼徵》，那

六六　与我在鼓楼上合影的是谭伊孝同志。因为编撰《北京文
　　　物胜迹大全·东城区卷》与我相识。为北京的老建筑作
　　　档案是我几十年的心愿，原以为不会有实现的一天，但
　　　经她的努力却实现了。书成时，她是四十几岁的人，现
　　　在去世已经有六七年了。

六七　在台北故宫博物院保管部。一句"我亲爱的故宫的同事
　　　们"的开场白竟得到了大家热烈的掌声。

不过是学生作业的性质，哪里谈得上研究。"楼先生却说："您是最
合适的人选，这件事就这样定下来了。"每两周我去北京大学一次，
我给席安琪指定应读的书，她读过之后，有什么不懂的地方，在我
到北京大学的那一天提出来，由我来讲解。这样的指导工作过了四
年，她完成博士论文回国。后来，她每次来中国都到我家来看我，也
算结下了师生的交情。

　　自十一届三中全会以来，博物馆编纂图籍出现新气象，允许主

六八　和傅连兴在恭王府修复工作会议现场。他父亲与我是同
　　　事。他十几岁进故宫，从杂事开始做起，但他知道用心，
　　　知道用功，后来成为既能实际施工，又能设计的古建专
　　　家，不少名胜古迹都曾经他手而得以延年益寿，而他却在
　　　应该好好工作的年纪去世了。

六九　为了不影响观众参观，《国宝》一书中"大禹治水"玉山
　　　子是在夜里拍摄的。这是当时的工作人员合影。

七〇　1985年，在《国宝》一书的推广活动中作"明清宫中及官
　　　员生活"讲座，左为陈万雄先生。

编署名。在此以前除了个人在刊物上发表文章是署自己的姓名以外，凡是关于馆藏文物图书的编纂不论是主编或参加编写者一概不署名，从来都是"故宫博物院编"。1983年初，研究室给我一项任务，命我主编一册名为《国宝》的大型图书，由香港商务印书馆出版。2月在广州签了合同，回来开始工作（图六九），到6月已经完成。与香港商务印书馆的陈万雄先生又共同工作半个月，当面逐篇定稿。10月出版问世。这是我第一次在自己编的书上署名。

　　这本书的图版，经过制版的技师拿着一本排列号码的色标专程来北京，和书中收入的文物的颜色进行反复比较才确定。这样不惜工本、不怕麻烦的校色方式我是头一回见到，留下了非常深刻的印象。书出版后，准确、完美地显示文物的真实色泽成为一大卖点，也成为此后文物类图书的一个追求方向。1983年合作之初，与陈万雄先生商量书名，我的意见叫《故宫所藏文物图集》，觉得《国宝》有点俗气。陈万雄先生则坚持用《国宝》。他说："这本书不仅要文物爱好者买，还要打入一般中产阶级人家客厅的书架，你相信我的话。"后来，他的话果然应验，《国宝》一炮打响，不但在大陆、港台地区畅销，还成为中国政府的官员赠送外国元首的正式礼物，英、法、日等文版也持续畅销。香港商务印书馆长期有计划的市场推广工作（图七〇），也由此书给我留下深刻印象。

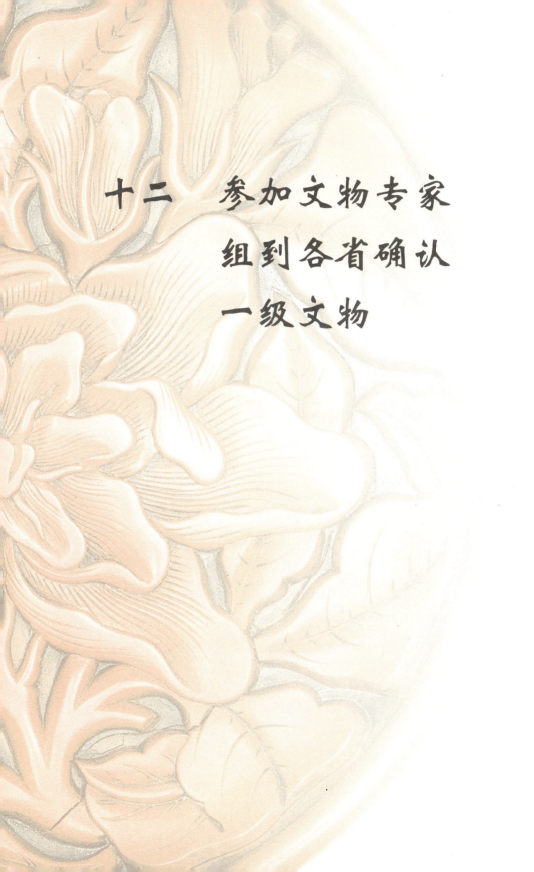

十二　参加文物专家
组到各省确认
一级文物

　　1992年，国家文物局对全国各省、市、县博物馆和考古所呈报的一级文物，进行复查确认的工作。于是由博物馆处和国家文物鉴定委员会合作，成立一个工作组，到各地鉴定确认。这个组的成员，北京有耿宝昌、陈华莎、孙会元、杜廼松、杨伯达、王海文和我。河南有郝本性，上海有许勇翔，苏州有张永昌，天津有云希正，广州有赵自强，湖南有高志喜，共十三人。还有国家文物局的干部刘东瑞、李耀申、李钧。在鉴定组中的分工是，有专看陶瓷器的，专看青铜器的，专看玉的，这三类以外不论是书画碑帖还是工艺美术类的各种器物都由我负责看。凡是达到一级标准的就确认通过，不够一级的就降级。原定为二级，经过审视研究认为可达一级的就给提升一级。我们从1992年开始到1997年，到过河南、河北、辽宁、吉林、黑龙江、内蒙古、湖北、湖南、江苏、安徽、浙江、福建、江

七一　在陕西鉴定金银器

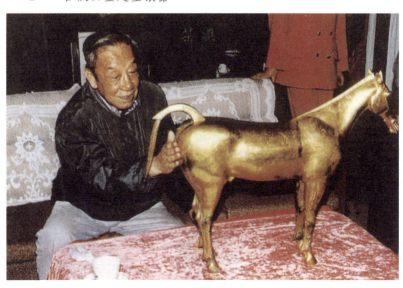

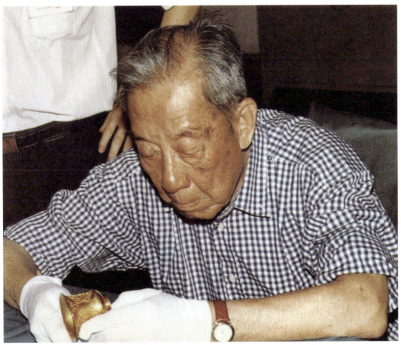

西、广东、海南、广西、贵州、云南、四川、陕西、甘肃、新疆、宁夏、青海、山西共二十五个省、自治区。在这六年中，每年春秋两季大约需要在外地工作四个月，每省除省博物馆、考古所以外，还需要到若干市、县（图七一至七三）。例如，河南省有郑州、安阳、许昌、偃师、平顶山、信阳、漯河、开封、汤阴、南阳等地。每到一处，仍和原单位工作时间一样，每日八小时，但也常有例外。譬如，在某市进行鉴定工作时，附近某几个县的文物保管所，把一级文物送上门来鉴定确认，往往到达我们住地时已经超过下午五点钟，如果打官腔，就可以明天再看。但我们都知道，一般县文保经费少得很，运文物需要租汽车、雇保安人员等等，费用已经不少，如果再耽搁一天还要多出许多开销，所以我们常常多坚持一会儿，确认完毕可以让他们连夜赶回去。

现在内地除西藏外，已全部鉴定完毕（图七四）。

1993 年 1 月 9 日，自父母去世以后，又一桩大事降临到我头上，就是我的贤内助离我而去。当时我正在香港商务印书馆办事，接到小女传荣电话，说她母亲因肺心病住院，人已昏迷，正在抢救。我赶紧乘最近一班飞机回京。到北大医院看见她时，人已清醒过来，只是插着各种管子，口中有呼吸机，因此不能讲话。她拿笔在纸上写"不要急"来安慰我。她住院共五十天，最后因心肺衰竭去世。

我这位贤内助，姓赵名镁，字仲巽。原籍喀尔喀蒙古，姓鄂卓尔。祖荣庆，清代末年任学部尚书，协办大学士兼军机大臣，父熙栋，母爱新觉罗氏。兄赵元方、赵季方。仲巽中学毕业后未上大学，在家读书、习画、刺绣，二十一岁和我结婚，当时我二十三岁。在我们这个大家庭里过了几年平常幸福的日子，抗日战争时期离开家到四川过从未想像过的艰苦日子，她也很愉快。后来在历次运动中，我被关起来，有她在家，我对母亲和孩子就少了一份担忧，可以放心。我们有共同的思想、共同的语言。她聪明活泼而又贤德谨慎，在我的大家庭里，无论父母，或是弟兄、妯娌、侄子、侄女，甚至在有条件时用的佣人，都喜欢她。

我写的文章，第一个读者是她，最直接提意见的是她，第一个用红笔勾出错字、漏字的也是她。我们两人都喜欢戏曲，青年时代我们经常看杨小楼、梅兰芳的戏。我喜欢登台演戏，她也和我一起演过戏，但更经常地是我的观众。她做一手好菜，为世襄兄所佩服。1985年，我们结婚五十年金婚纪念，元白兄赠诗，有"画烛深堂五十年，齐眉人羡地行仙"语，正是写实之句。还有许多辅仁大学的同学所作的集锦画册。我们想共同庆祝结婚六十年，本是可以指望的，没想到她七十七岁时竟自去了。

十三　我家的藏书

《萧山朱氏六唐人斋藏书录》这一部未经刊行的书目，是我青年时登录先父藏书，就排架的草目按经、史、子、集分部别类，每类所列各书，以时代为次，抄写成藏书录稿八卷。先父三十岁时得宋刊本的六种唐人集，自号藏书之所为"六唐人斋"，所以书目以此为题（图七五）。

1973年，我从咸宁"干校"回京，尚未被通知上班，闲居无事，把这八卷藏书目录用毛笔楷书誊写一部，请旧书业的朋友魏广洲先生给装潢成册。藏书已无偿捐献给国家了，时时展观这部藏书录，也

七五　这是我根据从前所编家藏图书目录整理的《萧山朱氏六唐人斋藏书录》（八卷）。

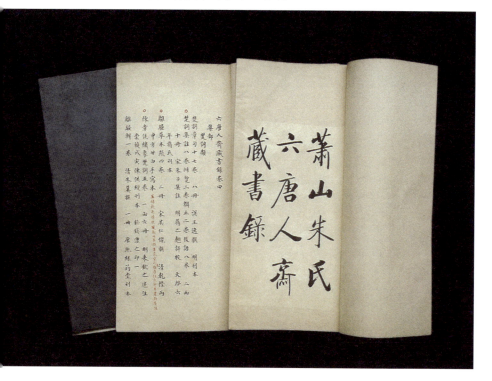

颇有神游嫏嬛妙境之感。

我家藏书的年代不算远，幼年时听先父说过，我的高祖道光十二年（1832年）中一甲二名进士，从此开始买书。后来赐居海淀澄怀园，所蓄图书陆续携往园中，贮于近光楼。咸丰庚申年（1860年）与圆明园同烬。先高祖遗札中有为醇亲王改诗的复信，云："诗中如绵马等韵未甚稳适，尚有容商，其泥印长旃蛟涎两典未审出处，缘淀园被扰书籍俱付之一炬，无可考证也。"这句话就是指近光楼的事。但当时城内江米巷旧宅尚存，宅中介祉堂还有几种大部头，如《古今图书集成》、各种方略和几种则例，一部会典事例以及《五朝御制诗文集》等官书。到光绪二十六年（1900年）外国侵略者二次占据北京，旧宅亦被焚，先世藏书至此皆化为灰烬。

先父于光绪三十四年（1908年）自英国牛津大学毕业回国，节衣缩食，朝夕访求，至三十余岁时，已藏书万卷（图七六）。当代图书版本专家张菊生、傅沅叔、陶兰泉、张庚楼诸位先生都是他的好友。商务印书馆以涵芬楼善本为基础，又向各藏书家借善本，编印《四部丛刊》、《续古逸丛书》等影印古籍，先父也是赞助者之一。例如《四部丛刊》中的宋刊本《啸堂集古录》、明写本《古器款识》、明成化刊本《曲江集》、明正德刊本《岑嘉州集》、元至正刊本《渊颖先生集》等，《续古逸丛书》中的宋蜀本《李长吉文集》、《张文昌文集》、《许用晦文集》、《孙可之文集》、《司空表圣文集》、《郑守愚文集》等，都是向先父借印的。

傅沅叔先生的《藏园群书题记》书中，题明钞本《李卫公集》一跋云："李卫公集，世传嘉靖刊本为最古，余曾见宋本。顷闻徐司业遗书散出，有明钞本李卫公集，为朱翼盦所得。假观从事校勘，出于宋本无疑。欲读卫公集者，正不必远求之海外矣。翼盦嗜藏名校古抄，具有神解，试取明刊并席而观，知余言之非溢美也。"沅老跋中指出的"名校古抄"确是先父藏书的特点，尤其宋元人诗文集皆罕见善本。收藏家袁珏生先生赠先父五十岁寿联，上联是"万卷琳琅昨者汲古阁"，下联是"一船书画今之英光堂"。旁题是"翼盦先生识密鉴洞，藏书极富，致多善本，并鉴书画，自宋元以来靡不搜

七六　炒豆胡同旧宅父亲书房一角。

讨，率皆铭心绝品。兼之几案精严，庋置清雅，频频过从，动移晷刻，因撰联为赠"。袁先生直以米芾、毛晋相比。诗人沈羹梅先生赠先父五十岁寿诗五首，其中提到收藏的有句云："石墨临川李，书画真定梁，伟志一手兼，振翼相颉颃。"虽说寿诗联难免有过誉的成分，但情况基本是这样的。

回忆趋庭之日，坐拥书城，足恣探讨的幸福，都是父亲给的。父亲去世后，1953年，我们兄弟奉母命将所藏汉唐碑帖七百余种捐献国家。因先父生前任故宫博物院专门委员时，马衡院长早已听说这七百余种都是罕见的善本，拟由博物院重价收购，先父没有出售，曾有"将来身后捐赠博物院"的诺言。但藏书则仍存留在家，五间书房还保持着"几案精严，庋置清雅"，直到1966年。

现在"六唐人斋"已不存在，我自己取一斋号"蜗居"（图七七、七八）。书城已经筑不起来，一些残余有的装箱，有的入柜，尽可能挤在两间卧房兼客厅里，好在屋里没有转角沙发和组合柜等等成套新式家具。有一次电视台来拍摄我的生活镜头，摄像师进门第一句话是："咦，您这屋还保持着书香门第的风格。"其实我这"蜗居"可谓因陋就简。大概他指的就是屋里几件参差不齐的书架、书箱，而外露部分又都是线装书多于平装书，还有墙上挂镜框里装着父亲写的楹联和母亲画的画，隔扇横楣上挂着"宝襄斋"的小匾，几种物品汇合起来的环境，给他一个所谓"书香"的印象。从这位摄影师的话，我心里念叨这"书香"一词的含义。我想最典型的、名副其实的"书香"环境，应该说是前面提到的"万卷琳琅，致多善本，几案精严，庋置清雅"。其次是不具备上述的高标准，但家中世代都有读书人。还有的是指一个家庭的文化水平而言。最具体的"书香"应该说是书散发出的真的香味，书确实有香味，但并非任何书都能散发香味。从大的类别来说，线装木板书和抄本书都有香味，而平装铅印书没有香味。影印的线装书也没有香味，而有油墨味。木版书的味也并不一致，譬如晚清时代，金陵、崇文等书局所刻印的书，纸墨都很平常，所以缺乏香味。宋元刊本、明代精刻名抄古色古香自不待言。且从近代说起，例如民国初年董康所刻书，道咸年间许珊林所刻书，康、雍、乾三朝武英殿修书处的木板书、铜活字和聚珍板，以及苏州诗局、扬州诗局、栋亭家刻本等等，都是刻印精良、墨香四溢的书。藏书之所四部分门别类，当然有香味的书和无香味的书在一处排列，于是汇合发出全面的书香。但有的地方书虽多亦不香。譬如，从前琉璃厂或隆福寺许多旧书铺，家家都是琳琅满架，但繁华的街道，铺面房的空间和面积都有限得很，店员（包括伙计和

七七　我现在的书房。

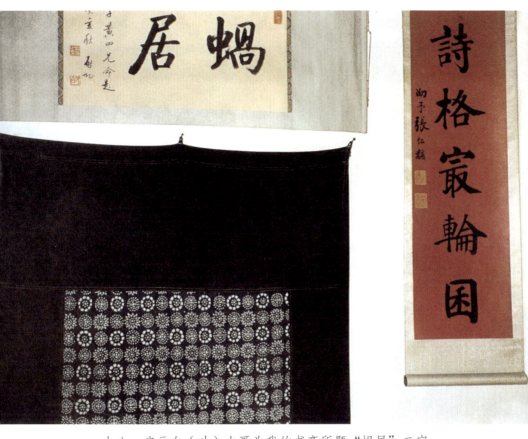

七八　启元白（功）大哥为我的书斋所题"蜗居"二字。

学徒）都是晚上关门上板以后，搭铺睡觉，并没有真正的卧房，摆书的地方也就是睡觉的地方。虽然早晨卷起铺盖，撤去铺板，但被窝的气味白天也不容易完全散去。虽然另有做饭的地方，可也紧挨着柜房，所以熬白菜味、咸菜味、韭菜馅味，初一、十五花椒、大料熬肉味，掌柜的抽叶子烟的味，都汇合在室内，因而书香就被掩盖了。而图书馆的书库，书虽多，因投入大量樟脑，以至凉气扑鼻掩盖了书香。

　　个人的书房，譬如有一座三至五间的北房，有廊檐。明间前檐有四隔扇、帘架、风门，东西次间坎墙支摘窗、糊纸，窗内上糊纱，下装玻璃。室内有碧纱橱和栏杆罩，墙和顶棚糊纸。地面上排列着

七九　冬日阳光满屋，盆梅、水仙的清香配合书香经久不散。

书架，陈设几案、椅凳、文具，绝对不兼作卧室和餐厅使用。这样
的标准，架上群书的纸墨香和楠木书箱、樟木夹板配合才会散发出
幽香令人神怡。春秋佳日，窗明几净，从窗纱透进庭前花草的芬芳
和室内书香汇合，花间的蜂喧，使人觉得生意盎然。夏日，庭前蝉
声聒耳，浓荫蔽地，檐前垂着斑竹堂帘，室中则清凉无暑，这个季
节室中楠木、樟木和老屋的黄松梁柱都散发浓郁的香味，使书香倍
增。冬日阳光满屋，盆梅、水仙的清香配合书香经久不散（图七九）。
但书房如果安放火炉，则书香和梅花、水仙都为之色香骤减。隆冬
季节只好在取书时盘桓片刻略享清福，即携书回到温室阅读。具备
上述条件，则群书永远静静地散发着书香。

现在我的蜗居，当然空气中没有书香的成分，不过还可以打开书箱，拿出一两部残余的明刊本的书来欣赏，一股幽香当然是嗅觉的享受。可是翻开书，不可避免地会看到"康生藏书"、"戊戌人"、"大公无私"诸印。在打倒"四人帮"之后，落实政策，发还曾经被康生掠夺的善本书都有这几方印，不能不说是视觉上的厄运。

先父藏书、藏画很少钤藏印，对珍贵版本更是如此，题跋也是写在附页上。先父在所藏北宋拓本《九成宫醴泉铭》的附页上有跋云："古迹流传失所，遇庸妄人加以涂抹，钤以劣印，缀以恶札，往往而是，徒使后之见者恣嗟太息，惜其所遭，虽有佳工，不可复改。"这指的还是庸妄人，如康生者则不仅庸妄而已。他白白地掠抢人家的书，还要盖上"康生所藏"和"大公无私"的印。大概他认为，他的掠抢就称为"大公无私"。话又说回来，如果不是拨乱反正，则不止钤"康生所藏"，一定还要加盖"子子孙孙永宝之"的印了。《藏书纪事诗》中还没有类似这样的事例。

先父一生殚心经史，以著述自遣。小时候，在家塾中受到了传统的国学基础教育。少年时，参加第一届同文馆学习，考取公派留学，入牛津大学学习经济。1908年毕业归国。

先父生逢东西方文化交汇的时代，精通新学，但仍然深爱传统。双重教育不仅给他建立了良好的学识基础和修养，也在我们的家庭中留下了与传统旧式家庭不同的风气。我们兄弟四人的成长，无不得益于此。

十四　我家收藏
的家具

　　我家是个老式家庭。记得我幼年时，上房堂屋后炕上的炕桌、炕案，地面上的茶几、椅、凳都是一般性老式家具，只有前院厅房，才有一堂红木家具，如方桌、大翘头案、圈椅等。桌案上的陈设和墙面上的挂件也都比较一般，如大案中间玻璃盒子盛着如意、左右一对大果盘、一对百鹿尊。挂的无非是匾额楹联、挂屏。只有一对金丝楠木大架几案，几面独板有三寸多厚，是比较珍贵的。

　　原有一家亲戚，住我们家的东跨院一所三进院落的房子，他们搬走以后，屋子空下来。我的父亲忽然买了一批红木家具陈设起来。这一批都是晚清做工，比较平常，如镶大理石面抽屉桌、镶大理石面圆桌和扇面凳子、方桌、官帽椅等，虽然平常，倒还不算恶俗（图八〇）。这座屋宇经过一番布置陈设和院中的山石竹树互相衬托，已经有些幽趣，但还没引起我对家具的重视。

　　我父亲本来酷爱碑帖书画，从三十岁开始大力收购，到了四十多岁的时候所蓄法书、名画、善本图书以及铜、瓷、玉、石、竹、木等古器物，其间有相当多的珍品。正如启功先生在我家收藏目录《介祉堂书画器物目录》题跋中所说："无或逾此完且美也"。袁珏生先生赠寿联旁注："宋元以来靡不搜讨，率皆铭心精品，兼之几案精良，庋置清雅。"

　　我父亲四十岁以后，除继续购藏上述文物以外，又开始收购明清两代花梨、紫檀的家具（图八一至八九）。每一件精品搬进来的时候，我都觉得眼前一亮，又惊又喜，我才知道家具不仅具有使用价值，有的还具有很高的艺术欣赏价值。自此，我家家具收藏日渐增多，于是从上房、厅房、书斋、花园等处淘汰一般家具，换上花梨、紫檀精品。

　　随着花梨、紫檀珍贵家具的一天天增多，就陆续把晚清的红木家具淘汰到厢房群房。这样一更换，许多精品家具陈设安妥后，我

八〇　父亲较早购置的一批晚清红木镶大理石家具。

八一　父亲购置的部分明清家具。

八二　明紫檀四面平式雕螭纹画桌。四面平是明代家具常见形式之一，虽无束腰，但足端有马蹄，且腿足断面往往作曲尺形，北京匠师称之为"挖缺做"，于此尚能看到唐代壶门床痕迹，故应归入有束腰体系。四面平原无雕饰，而此桌乃就其平面减地铲雕，镂刻出生动而圆润的怪螭，形象与一般明代家具所见迥异，乃取意于古玉花纹加以变化而成，故典雅清新。画桌自民国初以来即闻名故都，当时为满洲名士佛尼音布斋中物。其字荷汀，一字鹤伏，以擅书画、工琴诗称于时。他称画桌购自海淀汉军旗朱姓家。此桌及柳如是写经砚现一并捐赠给浙江省博物馆（以下相关文字，均摘自王世襄《萧山朱氏旧藏珍贵家具纪略》一文，内容略有增减）。

八三 明紫檀夹头榫大画案。这是现存屈指可数的几件最名贵
的紫檀大画案之一，原为怡王府物。古玩店荣兴祥主人
贾腾云购之，以善价售与朱氏。20世纪60年代初入藏故
宫博物院，定为一级文物。案为夹头榫结构，腿足方材，
下端微向外撇，接近所谓"香炉腿"作法，足间用双枨
连接，牙条甚厚。因削出凸面，其厚乃见。虽不宽，却
与方而短的牙头一木连做，用料之大可知，紫檀大案中
尚难举出第二例。案面周匝冰盘沿线脚简洁，尤其面心
用三块等宽的紫檀板拼成，厚度超过一般的桌案面心板。
难得在有此世不经见的大材，又遇到真正能珍惜使用的
名匠，才能做出如此质朴无华、意趣高古的重器来。

便悟出一个道理：收藏家的藏品，从数量上讲，当然绝大部分收贮在箱、柜、架中，但书画的挂轴或挂镜总会轮流有一部分挂在墙上

八四　明紫檀四开光坐墩。坐墩开光作圆角方形，沿边起阳线。开光与上下两圈鼓钉之间各起弦纹一道。鼓钉隐起，绝无刀凿痕迹。四足里面削圆，两端格肩，用插肩榫与上下构件拍合，紧密如一木生成，制作精工之至。此器造型矬硕，圆浑可爱，在所见坐墩中，以此为第一，亦最足以代表明代坐墩的基本形式。入清以后，坐墩造型向瘦高发展，或在开光内增添下垂及上翻的雕饰，遂与此大异其趣。

八五　清乾隆紫檀蝠磬纹大罗汉床。床原为怡王府物。围子作五
　　　屏风式，有束腰，三弯腿外翻马蹄，落在托泥上。各扇围
　　　子均以透雕的拐子纹作地，衬托出铲地浮雕委角长方形绦
　　　环板，镂刻蝠磬流云。围子正中一扇外框饰巨大的云头，两
　　　侧的外框高低起伏。与明式相比，不仅尺寸加高，而且从
　　　外框到细部，都更为崇饰增华。此床工良材美，是清式家
　　　具鼎盛时期的精美制品。

　　欣赏，收藏的器物也会有一部分陈设在几案或博古格上。如果藏品
水平高，而室内家具平常，就会使人感觉不相称。

　　自古以来，收藏家能够聚集许多珍物，不仅需要鉴别能力和财
力，更重要的是"机缘"二字。在不太长的期间内左右逢源，陆续
有所收藏，就是机缘。以我家一些从明到清乾隆的花梨、紫檀家具

八六　清乾隆紫檀多宝格。多宝格成对，以紫檀为骨架，黑
　　　漆描金花牙，彩漆里，高低错落，分隔巧妙，计可陈
　　　置大小文玩古器十事。其间立墙，有方、圆等不同形
　　　状开光，使人移步可见陈设的旁侧，颇见匠心。

八七　清乾隆紫檀四开光坐墩

八八　清紫檀透雕蟠螭纹架几案。架几案由一块长而厚的案面
　　　及一对几子组成,清代则例及宫廷陈设档多称为几腿案。
　　　明清架几案以花梨、红木制者为多,紫檀者较少,这是
　　　因紫檀缺少大料的缘故。此案纯用紫檀,案面虽为攒边
　　　响膛做,已甚难得。两几不用常见的四足加横枨作法,而
　　　是四面厚板斗合,尤为罕见。在雕工的设计上,蟠螭不
　　　仅透挖,而且两面做,通体光润圆熟,宛如巨大的墨色
　　　玉佩,令人叫绝。此案购自蕴宝斋古玩铺,据说原为东
　　　四二条海公府中物。海公姓富察氏,名海年,乃乾隆时
　　　以武功烜赫而位极人臣的福康安曾孙,光绪间袭公爵。
　　　府中家具陈设精美,多为福康安所遗。

八九　清紫檀透雕蟠螭纹架几案（局部）

而论，就是在数年之内，因机缘凑巧而得藏聚之乐的。当时这些精品都是由北京东四大街荣兴祥和蕴宝斋两家古玩店经手买到的。举例来说，明代的黄花梨嵌楠木瘿大椅（也可以叫宝座），原是从盘山行宫静寄山庄流散出来的。这张大椅靠墙陈设，墙上挂倪云林的《远山疏树图》。又如紫檀四面平螭纹画桌，原为明代成国公朱府旧物。这一组陈设是桌后为明代彩漆云芝椅，桌前为紫檀绣墩，桌的一端紧靠明紫檀大架几案，案依墙而设。墙上正中挂的是董其昌《林塘晚归图》，左右挂的是龚芝麓草书楹联："万花深处松千尺，群鸟喧时鹤一声"。案上正中设周庚君鼎，左右设楠木书匣。画桌上设祝枝山题桐木笔筒、钧窑洗、宣德下岩端砚等。由上述各例可以说明，一组陈设，从墙面上的书画，到地面上的桌案椅凳和案头清供，都必须配套，相互衬托，才能体现出整体的感染力。还有个条件，就是必须在旧式宅院的房屋内，才会显出完美的效果。在字画和案头清供都是高标准的情况下，花梨、紫檀家具精品就成为必要的了。明代紫檀大画案也是精品之一，它是夹头榫结构，腿足方材，下端略向外撇。足间用双枨连接，牙条甚厚，案面用三块等宽的紫檀板拼成，整洁可爱。全身用材方正，一丝不苟，难得有此世不经见的紫檀大材，又遇到真正能珍惜使用这样大材的名匠，才能作出如此质朴无华、意趣高古的重器。此外，值得一提的还有明代黄花梨榻，大边、腿足，与上述明黄花梨大椅同样厚重可爱。明代家具只举此例。再举一组清代的精品。紫檀叠落式书桌，集桌、案、几于一器，案面略低于桌面，几面更高于桌面，六足，三层不同的面高，所以称叠落式。几上可设炉或瓶，或其他物品。案上设文具，桌上置书帖。案下设紫檀长方脚踏，案前设紫檀绣墩，案后设紫檀卷背嵌玉卷足大椅，椅后墙上挂沈石田《瓜榴图》轴。这就是一组以紫檀叠落式书桌为中心的陈设布局。这张桌子原主是忠勇公傅恒的后裔，椅子是民国初年由避暑山庄流散出来的。叠落式书桌做工精致，造型玲珑清雅。据清代内务府档案，雍正三年养心殿造办处木作有制作叠落式的记载。这张桌子就是雍正年间造办处的精品。

　　我对明清家具的品评，是从欣赏角度开始的，并且是从整体环

境着眼。对于精品成为一组的陈设，当然是百看不厌，绝无入芝兰
之室久而不闻其香的感觉。

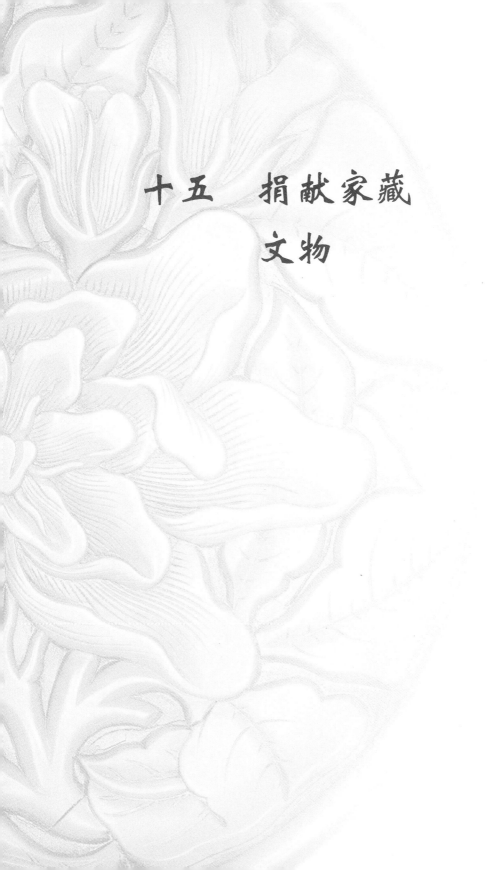

十五　捐献家藏
文物

　　马衡先生任故宫博物院院长时，我的父亲已经是故宫博物院专门委员会委员，负责鉴定书画碑帖。当时马衡院长曾向我父亲建议："您所藏的碑帖，是一份系统完整、拓工最古的拓本，这是公认的。而故宫这方面的藏品是弱项。我想申请一笔专款，由故宫收购这一份碑帖，十万元您看怎样？"我父亲回答："十万银元，按说是不少，不过我还在继续研究碑帖，没有出售的打算。我想将来会捐赠给故宫的，也是这份东西最好的归宿。"我父亲于 1937 年 6 月去世，到 1953 年我母亲把这件事提到议事日程上来，对我们兄弟四人说："你父亲曾经有这个诺言，我看现在已经到时候了。就用你们弟兄四人的名义，办理捐赠手续吧。"我们四人当然都同意母亲的提

九〇　《石鼓文》册（元拓本、局部）

九一　《鲁峻碑》册
　　　（北宋拓本、
　　　局部）

九二　《乙瑛碑》册（北
　　　宋拓本、局部）

蘇王東乾之樱

蕭代段商院宅

爾勲福禄彼同

再佳以分皙异坟一
従一横一文一武一丈
失也君子慕尋稣若
羽林樣大將軍以
渝考弄上又史右武
衛大將軍且師丹廥

貞則辨斯職宋昌以
股二登歇官或以以
包愰詞門也回假開
渝是究言談以實明
宗匪差别折其道流
世黙論象云溁禎是

麖覧臺觀開步西城
之陰躋髙閣之寮歆
土微覺有潤曰而火
杖薬之有泉随而涌

出乃承之石檻引焉
一渠其清若鏡味甘
如醴南注丹霄之石
東度於梗閒□□青

九八　明紫檀四角柜

议，于是写一封信给文物局，全部碑帖共七百余种无偿捐赠。文物局派业务秘书罗福颐、徐邦达来我家点收，最后由文化部部长茅盾颁发奖状。文物局将七百零六种碑帖拨交故宫博物院。这是我家第一次向国家捐献文物（图九〇至九七）。

　　1976年，这时母亲已经去世十多年，我大哥家济也已经去世。

由我提议，二哥家濂、三哥家源也都同意，将明代紫檀、黄花梨木器和清代乾隆做工紫檀大型木器数十件，以及明代名砚、宣德炉等多种古器物（图九八至一〇六），无偿捐赠给承德避暑山庄博物馆。最后，由河北省政府颁给奖状。

还是1976年，仍然由我提议，我的二哥、三哥都同意，将家藏善本古籍数万册，全部无偿捐赠给社会科学院历史研究所。此事由

九九　明末清初黄花梨嵌楠木宝座

一〇〇　明末清初楠木面紫檀方桌

一〇一　清乾隆紫檀双鱼纹扶手椅

一〇二　清乾隆紫檀嵌玉小宝座

一〇三 明宣德下岩端砚

一〇六　明宣德象耳彝炉

一〇七　杨讷在避暑山庄。杨讷是三哥在社科院历史所的同事，
　　　　也是我们兄弟的忘年交。和别的认识他的人一样，我
　　　　们都不叫他名字的本音，而叫"杨那"。因发还抄家文
　　　　物的过程带上了种种出于情理之外的干扰，杨讷为使
　　　　我弟兄避免屈辱，自告奋勇出任被抄家庭的代理人，
　　　　亲历了一系列今人不能想像的曲折，使发还成为事实。
　　　　明清家具和古籍善本后来能够各得其所，也全仗杨讷
　　　　周旋。所以捐献明清家具之后，受避暑山庄邀请游览，
　　　　除我们兄弟三对夫妇之外，还有杨讷。

　　一〇八　1982年，《北京晚报》为捐献文物之事来采访二哥
　　　　　　家濂（左一）、三哥家源（右一）和我。

历史研究所杨讷同志经手，最后由社科院颁给奖状（图一〇七、一
〇八）。

　　1994年，我们将家中最后一批文物无偿捐赠给浙江省博物馆，
其中包括唐朱澄《观瀑图》，北宋李成《归牧图》，南宋夏圭《秋山
萧寺图》，无款宋人画山水，宋许道宁画山水和明清人书画多种（图
一〇九、一一〇）。另外，还有南宋王安道砚、明代潞王府制琴以及
明成国公朱府紫檀螭纹大画案等等。最后，由浙江省政府开大会颁
奖状。我家从此与收藏无缘（图一一一）。

　　按：常常被采访者追问：为什么要捐献，怎么不留一手，做子女的也同意

——— 1994 年，故宫博物院为纪念父亲捐赠碑帖举办的第一
次展览。这是当时在京家人们的合影。

吗？等等。似乎百思不得其解。我曾经试着用各种方式回答，对方不满足，我
也觉得言犹未尽。直到看见先祖朱凤标写的联文"种树类培佳子弟，拥书权拜
小诸侯"的时候，才觉得说出了我未尽的意思。

十六　学书画和
摄影

　　我在八九岁时常看母亲作画，母亲是画工笔花鸟的。我有时也跟着瞎画，不过是仿照《三国演义》、《西游记》、《封神榜》等章回小说的绣像画着玩。母亲说，你喜欢画就正经学，不要瞎画。于是就买些商务印书馆出版的《儿童教育画》、《毛笔习画帖》、《铅笔西画帖》等等教科书以及《芥子园画谱》等传统画谱，就这样学着画，不再画小说人物了。上中学以后没有继续。上大学以后，每个暑假都是天天画，这时期已经懂得古人的画，对于父亲的藏品中明清人所画卷册，常常取出来细细的研究临摹，例如沈石田的诗画册、吴江图卷、文徵明的山水册、王鉴仿宋元名家山水册、王石谷仿各家山水册、渐江上人的山水卷等等都是临过几遍的。当时觉得画册页比较容易着笔，画卷只能选择其中一小段。还有明清人画的扇面，是我临摹比较容易见功效的。在这个时期，因为给一位老世交沈羹梅七叔画过一把扇子，他很赏识，认为我应该有一位老师，就主动向溥心畬先生推荐。溥先生就答应了。当时溥先生还住在恭王府的花园内，每年海棠开花季节要请客赏花赋诗。在这一年的花季，我也

一一二　临《松风阁》帖

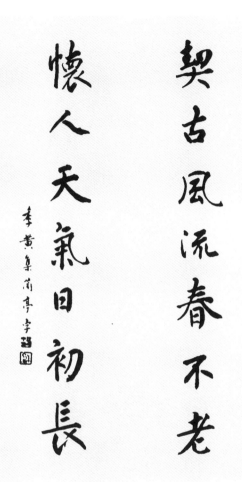

契古风流春不老
怀人天气日初长

李黄集兰亭字联

一一三　集兰亭字书联

接到请帖，非常高兴。当时我虽然算是已经学会作诗，但每次都很费时间，我想不过是咏海棠诗，不如头一天在家作好带去就行了。谁知到了那一天，当场由惠三先生（溥惠）发给每人一个韵条，是限韵的诗会。我在家作成的诗就无用了。我看到有些人和我一样没有交卷，都说"改天寄来"，于是我也说"改天寄来"。

后来心畬先生教导我："画画其实无法说怎样教，你可以来看我画画，也只能就这样（图一一二至一二三）。"

按：这一章，出奇的短，没有谈到学书学画的具体过程，只讲了一个例子，

一一四　《临方士庶山水图》

一一五　《临赵承旨双羊图》

一一六 《庐山高图》(拟沈石田笔意)

一一七 《泰岱晴岚》

泰岱晴嵐

戊寅夏日遊泰山自
中天門步上玉皇頂俯
覽泉峯製此暢以記
勝景 朱家溍

一二二 《德胜门大街卖油炸果的人》。拍照那天因为调整光线
　　　 的角度，反反复复在油锅旁比划，惹得那卖油炸果的
　　　 人笑着说："您别净照相，也买个油炸果（果读'鬼'，
　　　 大都音在北京话中的遗留），好不好。"
一二三 《静物》

是关于诗的，还是泄气的。学摄影，则一字未着。但书画、摄影的确是父亲在工作以外极大的爱好，也老老实实下了很多功夫。也许正因为如此，他觉得除了知道什么是好坏高低以外，就只有动手这一条路，真没什么可以谈的。连溥心畬先生都说："也只能这样了。"

尽管是一样的教育和家庭环境，但在兄弟四人中，大伯朱家济的字最有天赋，父亲的字最有"练才"——就是说一临帖就有长进，一停就会退步。有时拙一些，有时俊秀一些，年轻时候在课本上用铅笔信手记下来的零星笔记，是一种自然的行书，比现在认真写的还好。但父亲的字无论怎么样变化，不媚，不俗，老实，不刻意。譬如，很多人写自己的名字最有特点，写多少遍都一样。父亲写自己名字总不大一样，一篇字写完，倒是名字写得差一点，好像一口气到这儿松了下来。

画画，父亲认为对自己的最好夸奖就是看起来像古人。

关于摄影，我以为父亲的成就最大，最具创作力，而又最具独特的意味。一字未着是因为有书画的道理放在那儿，不必再多废话的意思。

父亲从小就喜欢照相，但几乎可以说一辈子没有一台真正属于自己的照相机。按照父亲的说法是，白背了一辈子有钱的名声。小时候，即使在父亲长大的那样一个生活比较优越的大家庭里，买照相机也仍然是一件很了不起的大事，一个人是绝对做不到的，特别想照，就联合兄弟姐妹合着买。大家出钱，每人一块，当时最便宜的镜箱六块钱，有三个速度，1米的距离。胶卷也贵，所以特别计较，用父亲的话说，"且不照呢"。每看好一处景致，总要在早、中、晚不同的光线下，反复从多种角度观察，选出最好的时间、最好的角度。真可以说是惜片如金。

父亲拍照的特点是画意和诗意，构图朴素自然，毫不张扬，细节完美，经推敲，耐看，引人退想，就像好的音乐，有很大回味的余地。正像先贤所说："对于我们的眼睛来说，生活中不是缺少美，而是缺少发现。"

十七　听戏、学戏
　　和演戏

　　我的祖母爱听戏，我幼年常随祖母听戏。八岁以前听的戏不太记得了，八岁以后差不多都还记忆犹新。当时东安市场有三个戏园子，我们最常去的是吉祥茶园。此外，还有丹桂茶园和中华舞台。前门外的广和楼、广德楼、三庆茶园、庆乐茶园、同乐茶园、文明茶园、第一舞台，崇文门外的广兴茶园，这几处当然也去过，但不及东安市场去的多。我八九岁以后又有几处新戏院，是香场的新明大戏院，珠市口的开明戏院，东华门的真光剧场。我父母也喜欢听戏，但没有祖母那样经常。当时戏班很多，我们欣赏范围也相当广，不

一二四　大哥家济结婚时的堂会戏单

一二五　红豆馆主
溥西园先
生＊

过最常听的是杨小楼、梅兰芳、余叔岩的。我八岁那一年大哥家济
结婚，家里便唱堂会戏，这是当时社会上流行的，遇有办喜事和寿
日的一种庆贺娱乐方式。后来，我祖母过六十九岁、七十岁、八十
岁生日都曾经唱堂会戏，梅、杨、余等名演员都被约来演戏（图一
二四）。我从这个时期到青年时期，听戏从爱好逐渐变为学习。我听
戏时学到的东西很多，所以我学戏的过程比较快。我学武戏的老师
有范福泰先生、沢月亭先生、于冷华先生、侯海林先生、钱宝森先

＊　西园先生演戏和他写字作画给人的感觉一样，就是觉得他清新高逸的气质是许多专
　　业演员所难比的。以我所看过的来讲，总的缺点是嗓子不好，但他整体的表演效果
　　使观众不去计较他的嗓子，甚至还觉得那沙哑嗓子还挺有味儿。溥西园先生的戏，是
　　"文武昆乱不挡"，并且在戏曲音乐方面也是"六场通透"。据说他从前学戏的时候，
　　是这样一个宗旨：某一出戏谁演得最好，就重金请谁来教。我没向西园先生学过整
　　出的戏，但在听他聊天时却受益不浅。我学京戏的同时，又学昆腔，就是听他的话。
　　唱武生，也唱花脸，老生、小生也是受他的影响。黄宗江同志爱看我演戏，可以说
　　是我的知音，曾经开玩笑，叫我"朱豆馆主"。不过我会的太少，无法和西园先生相比。

一二六　1980年，在北京东城少年之家（即金帆音
乐厅）演出《麒麟阁》剧照，我饰秦琼。该
剧《麒麟阁》为清代剧作家李玉所作，分
三部，一秦琼、一尉迟敬德、一罗成。"激
秦"、"三挡"两出描写秦琼从杨林部下逃
走的过程。以往昆班中老生应秦琼，武生
也应，但武生除唱念外，身段、武打颇繁。
此戏在1949年前也不常演，50年代李万春
在京演过一次，王金璐在西安演过一次，
我在抗美援朝义演时也演过一次。

一二七　1985年春节，在政协礼堂演出《麒麟阁》剧照，我饰
　　　　秦琼，胡浚饰杨林（左）。

生、刘砚芳先生，还有半师半友的刘宗杨大哥。学老生戏的老师有
陈少武先生、方宝全先生、杨宝忠兄、王少楼兄、祝荫亭兄诸位。我
学昆腔的老师有溥西园先生（图一二五）、曹心泉先生、何金海先生、
亓伯维先生、李金寿先生、侯益隆先生、侯瑞春先生、迟景荣大哥、
俞振飞先生、郑传鉴先生。我演过的武生戏有《乾元山》、《蜈蚣岭》、
《金锁阵》、《长坂坡》、《连营寨》、《回荆州》、《湘江会》、《阳平关》、
《战宛城》、《挑滑车》、《青石山》、《殷家堡》、《骆马湖》、《连环套》、
《恶虎村》、《武文华》、《八蜡庙》、《花蝴蝶》、《安天会》、《铁笼山》、
《拿高登》等等，《摘缨会》中演过唐蛟。还给一些武旦戏演过配角
武生，或武花脸戏，如《攻潼关》的二郎神，《红桃山》的林冲，《摇
钱树》的悟空，又演过《红桃山》的关胜。武花脸戏还演过《祥梅
寺》的黄巢。老生戏演过《黄金台》、《捉放曹》、《打渔杀家》、《探
母回令》、《击鼓骂曹》、《汾河湾》、《武家坡》、《坐楼杀惜》、《戏凤》、
《战樊城》、《搜孤救孤》、《御碑亭》、《定军山》、《战太平》、《审头刺

一二八　80年代，与锦州市京剧团演出《霸王别姬》的剧照。我演此剧与别人最大的区别是武生演法而不是花脸演法。

汤》、《开山府》、《南阳关》、《群英会》（饰鲁肃）、《镇潭州》、《状元谱》、《卖马》、《洪羊洞》，等等。小生戏演过《得意缘》、《群英会》（饰周瑜）。花脸戏演过《群英会》（饰黄盖）、《岳家庄》（饰牛皋）。昆腔武生戏演过：《麒麟阁》的"激秦"、"三挡"。《铁冠图》的"别母"、"乱剑"，京戏中又叫《宁武关》。《定天山》的"激薛"、"三箭"。《定天山》这出戏已将近百年无人上演，我当然没看过，因在故宫图书馆看见藏书中有抄本的《定天山》共十出，其中"激薛"是小花

一二九　与贾世珍（左）排演《霸王别姬》

脸扮演薛宗显、武生扮演薛仁贵，只有一支曲，其余都是念白。"三箭"是一出武戏，薛仁贵是主角，"醉花阴"、"喜迁莺"、"乱地风"、"水仙子"等等一套北曲，有工尺谱，也很容易唱。身段是我自己编的，武打的场子请王金璐贤弟给设计的，就这样上演过一次。还演过《夜奔》（杨派的大夜奔）、《状元印》。昆腔老生戏我演过《满床笏·卸甲封王》、《浣纱记·寄子》、《连环计·小宴》（饰王允）、《牧

一三〇　演出《牧羊记·告雁》剧照。此剧南北昆班均未
　　　　演过，念唱俱繁，是老生的独角戏。1983年于休
　　　　假中熟读此本，去掉了一支最大的曲子"下山
　　　　虎"，以一段表文作念白。1984年演出两次，至今
　　　　仍鲜有人饰演。

羊记·告雁》、《鸣凤记·吃茶》、《天官赐福·天官》、《狮吼记·跪池》（饰苏东坡）。昆腔小生戏演过《玉簪记·琴挑》。冠生戏演过的有《邯郸梦》的"扫花"、"三醉"和《长生殿·絮阁》。昆腔花脸戏我演过《铁冠图·刺虎》（演一只虎）等等（图一二六至一四四）。

　　大约从1961年以后就很少看戏，即使看戏也是被动，可以说基本上没有自发主动地去看戏。至于我自己上台演戏，还是很有兴趣。十三岁时第一次登台在堂会戏中演《乾元山》，我演哪吒，朱桂芳先生演石矶娘娘，范宝亭师兄演太乙真人，这出戏只演过一次。十五岁时我已经和成年人一般高，如果演哪吒已不合适，所以《乾元山》没再演过。在十几岁到二十岁之间，陆续上演扎靠的武戏，我倒仓变嗓以后嗓音属于宽亮型的，所以也演皮黄老生戏很多次。我第一次在昆腔团体中演戏是二十岁的时候，陆宗达大哥的祖母寿日，约了韩世昌、陶显庭、侯益隆等昆腔班在福寿堂饭庄唱堂会戏，宗达大哥自己演《单刀会·训子》，谭其骧兄演《长生殿·闻铃》，我和宗达大哥的女儿陆敏演《邯郸梦·扫花》，我演吕洞宾，陆敏演何仙姑。另外，我还为李宝勋的"芦花荡"配演周瑜，为谭其骧的"闻铃"配演陈元礼。其余都是昆腔班专业演员的戏。堂会戏照例是日场戏连着夜场，虽然我演三出，但一出和一出之间相隔时间很长，所以并不累。这是我结婚的前一年。那一天，我的未婚妻赵仲巽在台下看戏，坐在她前后左右的人都听见她对我的评论。她说："朱四的'扫花'演得真好，'闻铃'的陈元礼也不错，有点杨派武生的意思，'芦花荡'的周瑜不怎么样，还是吕洞宾的扮相最漂亮，总而言之是戴黑胡子比不带更好。"没有多大时间她说的话就已经传到我耳朵里，大概对于我们后来的结婚有些促进作用，因此我也对这场堂会戏留下了很深的印象。第二年，我们结了婚。从此听戏的时候，我们也是伴侣。

　　按：很多年前，在葛剑雄写的《悠悠长水——谭其骧前传》中也记录着，"谭其骧还曾与傅惜华、朱家源、朱家潽、陆宗达等在绒线胡同的国剧社学唱昆曲，由红豆馆主的笛师亓伯维拍曲教唱。……陆宗达的父亲是邮政局长，家境富裕，1934年他祖母八十大寿，在家演戏。陆宗达自演《训子》，用的是昆弋社的班底。谭其骧与朱家溍同台演《长生殿·闻铃》一场，分别饰唐明皇和陈元礼。这是他首次登台，一出场，向达等就在台下大声叫好，他心里一慌，差一点把帽子掉下。这是他惟——一次化妆登台。"父亲说起谭先生这一次演出，总爱学谭先生称赞自己的话："我曾（真）不像一个皇帝，你到曾（真）像一个将军。"这就是顾随先生毫不犹豫说："好，有杨小楼的神韵"的地方吧。

有一次，我的十姨过五十岁双寿，在家里唱堂会戏，我和仲巽合演一出《得意缘》。我还加演一出《骆马湖》，我的姨夫李四爷演樵夫和酒保。在我上大学的期间，学校里有几个团体，是国剧社、话剧社、管弦乐队、夏威夷乐队，女院还有个昆剧社。最初我参加国剧社，只是成员之一，后来被选为社长。这个剧社演戏在本校大礼堂，不收场租，售票的收入除去戏箱、场面开销之外，全部交给教会办理慈善事业。这几年总是演武戏比较多，其中又以演赵云的次数较多，所以得到一个外号，叫"四将军"。大学毕业到后方参加抗日战争工作，生活条件变更，也就无心于此，几年没有演戏。等到日本鬼子投降了，所在单位粮食部要举办一个庆祝晚会，约了一个条件还不错的专业剧团。我演了一出短打武戏《花蝴蝶》。《花蝴蝶》是七侠五义的故事，这出戏最后一场是蒋平水擒花蝴蝶。花蝴蝶要翻较多的跟头，要拧两圈旋子。花蝴蝶在这一场要改穿一种上衣，名叫"露肚"。台下观众中有一位画家胡守一先生，非常欣赏我的这个扮相，戏还没演完，他就跑到后台等着我，说希望我能坚持半小时，先不要卸妆，于是当场给我画了一幅花蝴蝶的剧装像。

故宫博物院原有一个业余的京剧组织，大约在1930年左右就已经成立了，当时我还没有到故宫工作，只是耳闻。其中有纪中锐、杨宗荣、姜有鑫、小宋等等。每年总有几次演出，北平沦陷期间停止了活动。胜利后回到北平，在这个组织里演过几次，都是老生戏。1950年故宫成立文物工作者工会，我们当然都是工会的会员，工会就把这个京剧业余团体纳入。1951年，工会发起支援抗美援朝捐献义演，用故宫所藏清代的戏衣。这个消息传出去，上座果然十分踊跃。从正月开始，每周星期六、星期日两场夜戏，有时星期日还加演一个日场，就这样连续不停地演出，一直到年底，因为"三反"运

一三一 1984 年，正式在中和戏院演出《浣溪沙·寄子》剧照。故事大意是伍员因为吴王夫差信任伯嚭、纳西施、放勾践回国，眼见吴国有覆灭的危险，伍员准备死谏，预先把儿子寄在齐国鲍牧家中。这是一出表现父子生离死别的戏，非常动人。北京的舞台上已经有半个世纪无人上演此戏。曾见过老演员陈寿峰和土楞仙有"寄子"的剧照。徐兰沅先生说："王凤卿、诸如香曾合演过此戏。"方宝全先生说过："京班唱老生的，凡是自命昆乱不挡的，都得会'弹词'、'劝农'、'卸甲'、'寄子'、'别母'、'乱箭'等几出昆腔老生戏。在戏班里伍子这个角色照例由旦角演……"大概在清末民初，京班还常演"寄子"，以后渐渐稀见，乃至绝迹。故此次演出，观者甚众，其中有不少是著名演员，如昆曲界的老前辈俞振飞、侯玉山、马祥麟等。

一三二　演出《青石山》剧照。《青石山》原是昆腔戏，由京班
　　　　演出后原来的精彩华美丝毫没有减弱，反而更诙谐、
　　　　更有趣味，武打场面也更加灿烂。此剧杨派特点显著。
　　　　1936年，杨小楼在长安戏院演出过。50年代，故宫工
　　　　会为抗美援朝筹款组织义演，多次上演。1957年，李
　　　　万春先生在中国京剧院演过一次。后来一直没有人演，
　　　　直到1985年京昆协会这次演出才重新搬上舞台。
一三三　演出《青石山》剧照。此一亮相源自俞菊生、杨小楼。

动将要开始才停止。这一年中我演的都是武生戏，除本来已经演过的戏以外，又学了很多武戏，也排到日程上。当时北京原有的戏班已不存在，新剧团尚未成立，所以有很多专业演员和专业乐队都无事可做。当时梨园行有一个新生的语汇，叫"散仙"，就是称呼这些人的。

　　马连良先生当时在香港，我们把马剧团管箱的尹德玉老师傅和乐队队长马连贵师傅都请来，尹德玉又带来两位管箱的参加工作。马连贵给我们组织一个乐队，有三位著名的第一流的鼓师：杭子和、侯长青、裴世长和琴师朱嘉奎等等。我的老师迟月亭先生、刘砚芳先生、钱宝森先生、王福山先生都被请来参加演出。专业演员钱元通等诸位先生，还有电信局的业余剧团全体人员也来参加演出。其中包括赵颐年、金惠、金国栋、吴光辉、蔡仲珣、高虹、孙化民、

一三四　《青石山》演出结束后的合影

一三五　演出《长坂坡》剧照，饰赵云。

一三六　演出《湘江会》剧照，饰吴起。此戏自 1933 年杨小楼
　　　　先生在吉祥戏院演出后，五十年绝迹舞台。1986 年，此
　　　　戏在吉祥戏院重新上演。

金宗迤、朱益顺等等，他们都具备专业的水平。在这一年里，我演出了自己所学过的武生戏，以每月十场戏计算，唱了百多场戏，我觉得倒是过足戏瘾了。

从1952年到1954年3月期间，因为被关起来，当然没有演戏。1954年5月在中国京剧院礼堂，有一场观摩戏，原定是王福山、钱宝森合演《祥梅寺》，因钱先生突然患泻肚无法登台，王福山先生约我替演黄巢。这一年的岁末在高教部的晚会上，我和故宫的纪中锐等人演过一场《群英会》。1955年在北京大学的晚会上演《卖马》。1956和1957两年没有演出。1958年，文化部所属各单位下放劳动，一半在东北，一半在苏北，我和纪中锐都在苏北的宝应县，又同在曹甸乡。这一年的秋天，扬州专区开大会，我和纪中锐应约演两场戏。1959年末在北大三院礼堂的晚会上，我演了《打渔杀家》和《戏风》双出。在煤炭部的晚会演过一出《挑滑车》。中华书局的晚会演过一出《铁笼山》。1960年没有演出。1961年也只有一场演出，是九三学社的晚会，在全国政协礼堂，我和梅葆玖演《霸王别姬》。梅剧团的团长和管事姚玉芙先生和李春林先生都在后台照料。我因为是第一次演这出戏，把老师刘砚芳先生也请来了。吹笛子师傅迟景荣大哥在后台说："今天你们三位在后台，这个局面很像从前第一舞台的大义务戏，梅、杨、余三位的大管都凑在一块儿。多少年没看见这个局面了。"的确，那天我也有同感。1962年，言慧珠姐姐从上海来，正值工商联约她在前门饭店演一场晚会，她约我合演了一次《霸王别姬》。

从这一年开始，现代戏逐渐热起来，老戏渐渐冷下去。

直到1971年，在八年没演出之后，又当作政治任务而大演特演起李玉和、郭建光来。自1973年退休回北京到1979年，这期间既不看戏也不演戏，也不练功。1980年，北京昆曲研习社又恢复活动，约我演出一次。我提出一个剧目《麒麟阁》的"激秦"、"三挡"。说过之后，我在家试一试唱念，拉个云手，跨腿转身，感觉简直不灵。这样怎么能上台演戏呢。于是找出从1962年以后就没动过的刀枪把子、马鞭等等，穿上厚底靴，开始每天一早到景山练功。当时王金璐贤弟也是每天早晨到景山练功。我们俩每天都在景山东北角那座敞厅见面，他带来两根棍，我们两人打把子，打完也不用带回去，就把棍子放在墙角，第二天接着打。从二月开始，每天早晨在景山练，晚上回家练，到六月演出前，从练习的时间上看大概可以过关了，但没走过场，终究有点不放心。梅葆玥当时正准备演《战太平》，天天去和平门大街河北梆子剧团的排演场扎上靠，勒上头，戴上髯口、盔头练整出的《战太平》，听我心里犯嘀咕，就说"你既然觉得没有十分把握，可以扎上靠，到台毯上练一出，就知道自己行不行了"。于是，随她到梆子剧团，她又帮我扎上靠，一丝不苟地扮上，提起调门唱念做打，认真唱完"激秦"、"三挡"，什么问题也没有，这才真的放下心来。

幼年时随祖母、父母一起听戏，过了十岁以后，就已经不再是看热闹，而是认真地听戏，好像已经不是玩儿的性质了。杨小楼、梅兰芳、余叔岩的鼎盛期我基本都赶上了，但并不只看他们三人的戏。别的班有好戏也不放弃，科班如斌庆社和富连成的戏也照样听。不仅听，也到后台去看演员如何勾脸、穿戴，细心体会他们每一次演出的精彩之处，最后发展到拜师学习。我的老师先后有范福泰、钱宝森、王福山、刘砚芳、迟月亭、侯海林、陈少五各位先生，还有半师半友的刘宗杨兄，就是杨小楼先生的外孙。家里对于学戏的态度与其他爱好没有什么区别，惟一的要求是上学期间不许妨碍学业，走上工作岗位以后不许妨碍工作。

我第一次登台是祖母生日的堂会，演的是《乾元山》，就是哪吒闹海的故事。那一年我十三岁。最末一次登台是2000年，演的是《天官赐福》中的天官。这一年我八十六岁。

《天官赐福》又叫《赐福》，过去是戏班中必备的剧目，在最小的舞台上三个角色——天官、财神、禄神就可以演出。通常是十二个人，在这三个人之外加上牛郎、织女、南极仙翁等角色。遇有特别大的舞台按双数增加演员，有多大台都可以装满，是一出好听、好看、百看不厌的开场戏，年节庆贺演出中更是必不可少。1949年以后，在反对封建迷信的口号下，其理所当然成为必被打倒的剧目之

一三七　1988年，戏楼工程完工，"定于7月9日举办戏楼落成纪
　　　　念演出。……开场是毓峘先生演奏弦索调。其次是京戏
　　　　《霸王别姬》，我扮演项羽，由北京京剧院著名演员、梅
　　　　花奖获得者宋丹菊扮虞姬"。（原载《记恭王府堂会戏》）
一三八　1991年，演出《定天山》剧照，饰薛仁贵。
一三九　演出《满床笏·卸甲》剧照，饰郭子仪。

一四〇　1994年，演出《别母乱箭》剧照，饰周遇吉。

一四一　1996年，演出《连环套》剧照，饰黄天霸（叶金中摄）。

一四二　1996年，演出《连环套》剧照，饰黄天霸（叶金中摄）。

一四三　1996年，演出《连环套》剧照，饰黄天霸（叶金中摄）。

一四四　演出《鸣凤记·吃茶》剧照，饰杨椒山（叶金中摄）。

一四五　1996年，演出《天官赐福》剧照。这是一出开场
　　　　的吉祥戏，用的是昆曲中的"醉花荫"、"喜迁莺"
　　　　等北曲，旋律易于上口，曲调平和喜悦，雅俗共
　　　　赏。昆班中冠生、老生俱应天官一角，我演此戏
　　　　亦是老生演法。1942年，新新大戏院落成，马连
　　　　良演出此戏以志庆贺，转瞬五十年矣。

一四六　八十九岁时留影

一了。1996年12月，在杨荣斌先生的协助下，北京昆曲研习社庆祝四十周年演出时，此剧在南北舞台绝演已经有五十多年了（图一四五、一四六）。湖广会馆传统的舞台尺寸合适，古色古香的大幕衬托着华美非常的神仙队伍，好像《朝元仙仗图》一般。

这一年正逢我国政府收回香港，所以在天官的台词里加了两句自己编的"愿中华一统，四海升平"。在这之后，《赐福》又演出过几次，末一次是2000年在中国戏剧学院排演场为香港钱先生录像。这一年我八十六岁，决定以这出吉祥大戏作为我的舞台演出的结束。距离十三岁登台演《乾元山》中的哪吒，我的舞台实践也已经有七十三年的历史了。《赐福》中有一句台词"金榜题名日，双亲未老时"，说的是光阴不待人的意思。今年，2003年，我八十九岁的时候，在写作我的这一部"画传"的时候，也仍然把《赐福》的演出记录作为全书的结尾，对家、国、天下，以及众生，表达一个最好的祝愿。

附　　录

（一）朱家溍先生与京戏

我获识朱老在 50 年代，谊在师友之间，算来也有四十多年了。我和朱老、刘曾复先生都是九三学社的成员，当时九三学社的同志认为有三个人懂京戏，即朱老和刘老，加上我这妄附骥尾的有名无实的人。社中每逢遇到有关京戏方面的问题，经常找我们三个人咨询。朱老对京戏，不仅见多识广，而且能亲自粉墨登场。作为一位业余京剧爱好者，朱老是富有实践经验的前辈。有人每以"名票"称朱老，朱老却不同意这一称呼。……所谓"票友"，并非所有业余戏曲爱好者都可涵盖其中，而是专指参加票房组织的成员。以京戏而论，清末有"遥吟俯唱"票房，民初有"春阳友会"。前者知名者如陈子方（旦）、王雨田（生）、讷绍先（净）；后者知名者如恩禹之、乔荩臣、陈远亭（以上老生）、林钧甫（旦）等。这些都是名副其实的票友。至于朱老，用他自己的话说，只是一名酷爱京戏的观众，他并没有加入任何票友组织，也不专以演戏为主。但他由看戏而演戏，由学戏而演戏，都属于业余爱好性质，完全从兴趣出发。不过嗜之既深，则力求钻研深造，从而向专业演员请教，并一招一式地从名师学戏。朱老是杨小楼的忠实观众，他的武戏是范福泰老先生开蒙，以后又向迟月亭、刘砚芳、侯海林诸位老师学艺，并与杨的外孙刘宗杨经常盘桓，切磋技艺。他的杨派戏就是这样学到手的。所以他不承认自己是"票友"。其实朱老并不只学和只演杨派武生戏，也揣摩并实践演出余派老生戏。除看杨小楼的戏外，他也是余叔岩和梅兰芳两位大师的忠实观众，他看余、梅两家的演出场次丝毫不比看杨小楼的次数少。他对余派戏和梅派戏同样有研究，且造诣很深。只是他业余演出只演武生和老生戏，不演旦角戏罢了。我看过他的《戏凤》，地道余派。

朱老所擅长的剧目，不仅有京戏，而且有不少是昆曲。在过去，一个够水平的京剧演员必须学昆曲作为基本功。杨小楼、梅兰芳、余叔岩都会不少出昆曲戏。他们演的皮黄戏才显得更有光彩，更有魅力。朱老在这一方面甚至比一般中、青年专业演员基础更深厚。

如他演《长坂坡》、《麒麟阁》、《青石山》、《别母乱箭》的身段、功架，都能使人联想到当年杨派大武生的气度与风范。当然我们观摩朱老的演出，不能要求他在古稀耄耋之年还能像专业青年演员那样高踢腿、低下腰。但从整体上看，朱老有时有一般中、青年专业演员所不及的地方，那就是一举一动的劲头、尺寸和唱功、念白方面发音吐字的讲究。

朱老曾演过《牧羊记·告雁》一出的苏武。这是一出独脚戏，在舞台上早已绝迹，朱老把他排练演出，可以说完全自出机杼，一空依傍。我曾躬聆演出，他在唱念方面竟完全用余派的劲头、风格来表达，当然其艺术效果也甚得余派三昧。演出后一到后台，我第一句话就说："您这出《告雁》大有余派神韵。"朱老闻之，以"实获我心"四字答之。把余派韵味风格施于一出无人演过的陌生剧目，这难道不是创新和发展么？惜乎聆歌者未必人人皆谙此中甘苦耳。据朱老说《告雁》的曲子太多、太长，所以减掉一支改成话白。

朱老是海内有数的几位文物工作者之一，在今日已属"国宝"型人物，他主编的《中国美术全集》等大型图书，都是很著名的。他能写工楷，善画山水，爱摄影，还能写饶有意趣的旧体诗，当然研究表演昆曲和京剧也是他诸般业余爱好的艺术品种之一。在他每年付出大量时间、精力为其专业本职工作恪尽职守之外，"行有余力，则以'登台'"为振兴京昆艺术做出应有的奉献（吴小如撰文，原载《中国京剧》）。

（二）什刹海梦忆录

　　我九岁时迁居地安门外帽儿胡同，二十岁迁居炒豆胡同，直到今天，在这一带过了数十年。虽然中间曾经离开北京，但总算北城的老住户了。对于九岁至十余岁时期的什刹海印象，至今还记忆犹新。

　　记得当时每天晚上听见鼓楼打鼓由慢而快的三通，据说是一百零八，但我没数过，只觉得有点像"击鼓骂曹"的"渔阳三挝"。打过鼓，停一会儿，又撞钟。夜里十二点又一次，早晨天亮以前又一次。早晚两次我每天听得见，觉得很好听，感觉很严肃。因为我常听见这样口气的话："别闹了，该睡觉了，鼓楼都打鼓了。"夜里十二点的鼓我很少听见，偶然正赶上，好像有点可怕。什么理由，说不出来。民国十三年，优待清皇室条件修改，首先取消了第一条"大清皇帝尊号仍存不废……"，连带着"銮舆卫"当然就没有了。因而銮舆卫所派专司打鼓的旗鼓手也就失业了，从此北京的钟鼓声不再响了。在远望钟鼓楼的岸边，回首向南看则是南皮张之洞故宅的后门，从前柳荫下有一对上马石。故宅的前门在白米斜街，从前文襄有自书联："白云青山图开大米，斜风细雨春满天街。"联文内嵌着"白米斜街"四字。联文写景也很自然生动。从这往前走就到了"万宁桥"。地安门俗称后门，因而桥也就随着叫"后门桥"，这座桥和正阳门五牌楼下的正阳桥、天安门前金水桥、太和门前内金水桥，是同在中轴线上最北的一座大石桥。我少年时还看见这座桥完整的白玉石雕栏东西两面桥墩石雕螭状的水兽，伏在闸口俯视着桥下从西往东的流水。桥东的两边河岸是石砌的，水虽然很浅，也有岸上人家放养的鸭群。桥面石和金水桥等等中轴线上大桥是一样的。桥北东边的福兴居灌肠铺是最著名的灌肠铺，还有肉馅炸三角、炸肉火烧，都是外焦里嫩，非常好吃。紧挨着福兴居是聚顺和，卖干鲜果品海味等等。店内自己有冰窖，不但鲜果保存最长久，而且夏天的酸梅汤最好。桥北路西宝瑞兴酱园，门前摆着一人多高大红葫芦，

"大葫芦"三字流传在顾客们口中代替了宝瑞兴字号。阜成门大街宝瑞兴和这里是一个东家。酱园自己在城外有菜园，可以掌握某种瓜菜在最适宜的时候入缸，所以他的酱菜、咸菜样样好。有一种特制的甜酱瓜，名为"黑菜"，最出名。紧靠着大葫芦是火神庙。《天府广记》《帝京景物略》都说此庙初建在唐贞观年间，历经元、明、清，屡次重修扩建。近年曾在清内务府档案中看到雍正年间命养心殿造办处给火神庙特制铜镀金掐丝珐琅五供等等器物。我记得从前每年六月二十二日，我家照例接到火神庙主持的请帖，据说这一天是火德真君的诞日。我家并不迷信，但习惯上所谓"有以举之，莫敢废之"，所以也照例应酬。这种上庙烧香的差使总是派我去，当时我已经上初中，当然中学生不会有人接送，可是惟有烧香的事，每次必叫门房派个人随我去。当时我觉得有点可笑，想到戏台上的烧香还愿，不是也有个老家院跟随吗。火神庙临街是一座牌坊（现已不存），当时已经略有倾斜，匾额有"离德昭明"四字。过了山门才转为坐北朝南的建筑，第一层是灵官殿，第二层是正殿供奉火祖。火祖是一尊红眉红须的神像。后院是玉皇阁、斗母阁，院落很宽敞。当时的住持名字不记得了，是一个白胡子道士，平时穿着旧蓝布衫子，头戴方巾，成年仙风道骨很好看的。他的大徒弟名叫田子久，是一个很能交际的人，头戴圆道士帽，穿着道袍，小黑胡子，脸上带着酒肉气，我总觉得他像青石山卖符的王老道。有两个道童，当时的岁数，好像比我还小些，梳着两个抓髻，额前有些短发，眉清目秀。当时我觉得他们两人很像《西游记》里描写的五庄观内清风、明月两个道童的面貌。

　　火祖诞日的道场是一次很热闹又很庄严的表演。北京火神庙和白云观做道场是按照道教仪轨，很正规地进行。道士们穿着亮纱道袍，披着法衣，手执法器或乐器。住持穿着鹅黄色亮纱道袍，披着缂丝石青的彩色云鹤法衣，手持如意，诵经，跪拜……。近年在电视屏幕上曾经看见过白云观的一次活动，可以说是因陋就简地凑合，无法和从前相比。

　　从火神庙出来顺路就走过"一溜胡同"到一溜河沿。由一溜河沿往北走，当年这里有个庆云楼，门脸在烟袋斜街，后楼坐落在河沿，是北城惟一的山东馆子，菜的风格与水平和西城同和居、南城泰丰楼、东城东兴楼都是同等的。后楼隔扇外面是一座有栏杆的平台。夏天吃过饭，在这平台上，正是"荷净纳凉时"。当时在平台上凭栏下望，有一个小席棚，里面总有几个人，一脚踩在板凳上，在吃烤羊肉，有一个人在切肉。这个人在什刹海一带，人都叫他"季傻子"。常听人们说："今天晚上，咱们到'季傻子'那里去吃烤肉。"这一种爱称后来渐渐被"烤肉季"这个名称代替了。这个小席棚紧靠着临河第一楼，吃完烤肉到小楼上去喝粥。这个小楼也卖酒，还有苏造肉和几样煮花生、酥鱼等酒菜。

从这里过了银锭桥，绕过海潮庵，什刹海北岸最大的建筑物是会贤堂。从前的饭庄和饭馆有共同点，也有不同点。会贤堂属于饭庄，饭庄的菜另是一路，平时是供办生日、喜事用的。而到夏天在南楼上为赏荷纳凉的顾客所供应的菜是和东兴楼、泰丰楼等一路的风格。但会贤堂自己也有特点，例如，点心中的枣泥酥盒子、冰糖莲子等等都特别好。我对于会贤堂一次最深的印象，是丁卯年（1927年）五月初八日，我祖母七十寿日，在会贤堂宴客演戏。我记得的戏有梅兰芳的《醉酒》，余叔岩的《骂曹》，尚和玉的《四平山》，陈德霖、刘景然的《三击掌》，程继仙、萧二顺的《连升店》。而杨小楼不在北京，所以让他外孙刘宗杨演双出，白天一出《连环套》，晚上一出《长坂坡》。李万春的《战马超》，王少楼的《定军山》，俞少庭的《安天会》，赵绮霞的《荷珠配》等戏。这一天是赵芝香的戏提调。

会贤堂原来不在北岸。从前我听会贤堂的老掌柜说过："会贤堂原在白米斜街，就是张家的那一所房子，张之洞在北岸买了一所房，就是会贤堂。可是当时没有临河这座楼，只是大门里的门房院，进了垂花门，是上房、东西厢房、东西耳房院和后罩房，这样一个宅门。张之洞和会贤堂尚妥对换了房子。会贤堂拆了原来大门和群房，盖了这座楼。在上房院搭了一个戏台。"大概现在已经无人知道这段换房经过。

会贤堂东边的一所房子里，当年有个曲会，是陆颖明兄（陆宗达，1988年1月逝世）租两间房举办的，每周两次。请老笛师何金海拍曲、吹笛伴唱。前两年有个离开北京四十多年的老朋友岳少白，写信寄诗怀念这个曲会和什刹海。他在信上说，有一次散会出来，踏冰步月，陆颖明吹笛，这个滋味至今不能忘。我回他的信中也附一首诗，步他的原韵："……黄叶飘零尽，寒烟隔岸林。笛声惊倦鸟，曲意澈冰心。盛会应难再，悲时四序侵。离愁望善遣，雾冷自披襟"（朱家溍撰文，原载《燕都》）。

（三）生平简表

1914 年　生于北京东城西堂子胡同。

1923 年　迁居帽儿胡同。

1935 年　与赵仲巽结婚。其原籍喀尔喀蒙古，姓鄂卓尔。祖荣庆，清末任学部尚书、协办大学士兼军机大臣，父熙栋，母爱新觉罗氏。

1937 年　入辅仁大学国文系读书。

1941 年　从辅仁大学毕业。

1942 年　逃出沦陷的北平前往重庆，任职于后方粮食部储备司。

1943 年　由粮食部借调到故宫，临时参加"中国艺术品展览"的工作。

1946 年　回到北平，任故宫古物馆编纂。

1949 年　因故宫博物院古物馆馆长徐森玉先生长期在上海，受马衡院长委任代理主持馆务。

1949 年　任副研究员。

1951 年　故宫博物院停止工作，进入全院学习阶段，"三反"运动开始。

1952 年　被隔离在东岳庙看守所。

1953 年　奉母命将家藏汉唐碑帖七百余种捐献故宫博物院。

1954 年　解除隔离。

1956 年　接到故宫博物院人事处的通知，回到陈列部工作。

1958 年　文化部及所属单位下放苏北，分别安排在宝应、高邮、兴化、六合四县。

1959 年　又回到陈列部工作，负责历代艺术馆明清部分综合艺术品陈列的有关工作。

1963 年　母亲去世。

1964 年　在乾清宫两庑布置"清代历史文物陈列"，尚未开放，"文化大革命"开始了。

1966 年　参加"四清"，分配到蓝田县冯家村公社黑沟大队。同年回到故宫。

1969 年　下放到湖北咸宁"五七"干校。

1971 年　调到丹江"五七"干校。

1974 年　结束"干校"生活回到北京，并办理了退休手续。

1976 年　将家藏明代紫檀黄花梨木器和清代乾隆年间大型紫檀木器数十件，以及明代宣德炉等多种古器物无偿捐献给承德避暑山庄博物馆。同年，将家藏善本古籍数万册全部无偿捐赠给中科院历史研究所。

1978 年　重新回到故宫博物院工作。

1983 年　主编大型图录《国宝》，由香港商务印书馆出版，并成为中国政府官员赠送外国元首的珍贵礼品。

1992 年　应国家文物局之邀参加文物专家组，确认全国省、市、县博物馆和考古所呈报的一级文物，行程遍及二十五个省。

1993 年　夫人赵仲巽逝世。

1994 年　将唐朱澄《观瀑图》、宋李成《归牧图》、南宋夏圭《秋山萧寺图》等珍贵家藏捐献给浙江省博物馆。

1994 年　受国家文物局委派参加大陆文博界第一个代表团访问台北故宫博物院。

2003 年　9 月 29 日因病在北京逝世，享年八十九岁。

后记

　　21世纪的元年，文物出版社提议为文物工作者中的数位老年人，如启功先生、王世襄先生、徐邦达先生和我，还有几位上了年纪的老先生，各出一本画传，并且希望我自己写。但我年纪大了，精力有限，加之现在尚担任着故宫博物院与商务印书馆香港分公司合作的《故宫珍藏文物集粹》六十卷的编委，并且其中有三种还由我担任具体的编写工作。另有中宣部主持的《中国美术分类全集》三百五十册，由我主编十二册。这些任务已经不少了。在此之后，文物出版社又约我的女儿朱传荣替我写。传荣和我商量，她觉得不好再推辞，只能答应下来。各个时期的事，由我口述，由传荣记录整理。正文都用第一人称，凡用按语叙述的都是记录整理者的话。

朱家溍

2003 年 8 月于北京

图书在版编目(CIP)数据

朱家溍/朱家溍口述；朱传荣整理．－北京：文物出版社，2021.1

（中国文博名家画传）

ISBN 978-7-5010-6303-1

Ⅰ.①朱…　Ⅱ.①朱…　②朱…　Ⅲ.①朱家溍（1914-2003）－生平事迹　Ⅳ.①K825.4

中国版本图书馆CIP数据核字(2019)第220436号

中国文博名家画传·朱家溍

口　述	朱家溍	
整　理	朱传荣	
责任编辑	吕　游	
封面设计	张希广	
责任印制	张　丽	
出版发行	文物出版社	
地　址	北京市东直门内北小街2号楼	
邮　编	100007	
网　址	http://www.wenwu.com	
邮　箱	web@wenwu.com	
经　销	新华书店	
印　刷	北京荣宝艺品印刷有限公司	
开　本	965mm×1270mm　1/32	
印　张	7.875	
版　次	2021年1月第1版	
印　次	2021年1月第1次印刷	
书　号	ISBN 978-7-5010-6303-1	
定　价	88.00元	